TRAITÉ DES SAISIES

ET

DES CONTRAINTES;

CONTENANT CE QUI CONCERNE;

1°. Les différentes *Saisies mobilières*, savoir : la *Saisie-Arrêt* ou *Opposition*, la *Saisie-Exécution*, la *Saisie-Brandon*, la *Saisie des Rentes*, la *Saisie-Gagerie*, la *Saisie Foraine*, la *Saisie-Revendication*, et la Distribution par Contribution *du Prix des Immeubles*;

2°. La Saisie immobilière, ou la *Vente des Biens par Expropriation forcée*; et la *Distribution du Prix des Immeubles par* Ordre d'Hypothèques;

3°. La Saisie personnelle, ou la Contrainte par Corps, et le Bénéfice de Cession.

Ouvrage où les Principes du Code Civil, et les Formalités prescrites par le Code Judiciaire sur ces divers Objets, sont exposés méthodiquement, éclaircis par la Discussion d'un grand nombre de Difficultés, et rendus sensibles par des Formules d'Actes, auxquels est appliquée la Taxe des Frais et Dépens.

PAR P. LEPAGE,

Ancien Avocat au Parlement de Paris, Auteur du *Nouveau Style de la Procédure Civile*, des *Questions sur le Code Judiciaire*, etc.

TOME PREMIER.

À PARIS,

Chez F. BUISSON, Libraire, rue Gît-le-Cœur, n°. 10, ci-devant rue Haute-Feuille, nos. 20 et 23.

1807.

AVERTISSEMENT

DE L'AUTEUR.

———

Une des parties les plus intéressantes de la Procédure Civile, est celle qui concerne l'exécution *forcée* soit des Jugemens, soit des Actes authentiques. Les voies ouvertes pour arriver à cette exécution, se nomment *Contraintes*, parce qu'on en use pour contraindre un Débiteur à payer ce qu'il doit, en vertu du titre exécutoire qu'on a contre lui. Chacune de ces Contraintes est une *Saisie ;* elle est *mobilière*, si l'objet qu'elle frappe est mobilier ; elle est *immobilière*, si elle est dirigée contre un Immeuble ; enfin, elle est *personnelle*, lorsque la Contrainte tend à faire emprisonner le Débiteur.

Mais si toute Contrainte est une Saisie, il ne faut pas en conclure que toute Saisie soit une Contrainte. En effet, la Contrainte ne peut s'exercer qu'en vertu d'un Titre exécutoire, tandis qu'une Saisie qui n'emporte pas Contrainte, peut s'effectuer en vertu d'un titre quelconque, et quelquefois même sans aucun titre, avec la permission du Juge : telles sont, par exemple, la *Saisie-Arrêt* ou *Opposition*, la *Saisie-Gagerie*, la *Saisie-Revendication*.

Par cette explication, on voit que le Traité qu'on publie embrasse, non seulement celles des Saisies qui sont de véritables Contraintes, et qui comprennent ce que les Praticiens appellent *les Voies d'Exécution*, mais encore toutes les autres espèces de Saisies, par lesquelles un Créancier se borne à prendre ses sûretés, ou commence à exercer une action.

Pour remplir la tâche qu'on s'est proposée, on a d'abord exposé les principes généraux qui conviennent à toutes les Saisies, et, en particulier, à toutes les voies d'exécution.

Ensuite on a divisé le travail en trois Sections, où sont traitées successivement, 1°. toutes les espèces de Saisies *mobilières* ; 2°. la Saisie *immobilière*, ou l'*Expropriation forcée* ; 3°. la Saisie *personnelle*, ou la *Contrainte par Corps*.

Comme le but des Saisies *mobilières* et de la Saisie *immobilière* est de faire servir le prix des objets qui y sont compris au payement des Créanciers du Débiteur, on a terminé la Section Première, contenant toutes les Saisies *mobilières*, par l'explication de ce qui concerne la distribution du Prix des Meubles par contribution.

A la fin de la Section Seconde, consacrée à la Saisie *immobilière*, on a parlé fort en détail de la distribution du Prix des Immeubles par ordre d'hypothèques, ce qui a nécessité de s'occuper des Priviléges tant généraux que spéciaux, ainsi que des Hypothèques légales, judiciaires et conventionnelles.

Enfin, le Bénéfice de Cession étant un moyen d'éviter ou de faire cesser la Contrainte par Corps, ce secours, accordé par la Loi, a été expliqué en terminant la Troisième Section, destinée à la Saisie de la Personne.

Chaque Section est divisée en autant de Chapitres, chaque Chapitre en autant d'Articles, et chaque Article, en autant de Paragraphes que l'exige la matière. On a été guidé surtout par la nécessité d'être méthodique; ce qui est essentiel dans un Ouvrage de cette nature : quelque faible qu'en soit d'ailleurs le mérite, il sera nécessairement utile, si le travail y est disposé avec ordre, si tous les objets y sont bien définis, si le Texte de la Loi y est cité avec exactitude, et si les conséquences en sont déduites avec justesse.

Sur tous les points qu'on a traités, on a développé les principes établis par le Code Civil, et on a tracé avec soin les Procédures prescrites par le Code Judiciaire. Pour en faciliter encore plus l'intelligence, on a donné les Formules des Actes particuliers à chaque espèce de Saisie, et on leur a fait l'application du Tarif, d'après le Décret Impérial rendu sur la Taxe des Frais et Dépens. On ne s'est point dissimulé les nombreuses difficultés qui se présentent en pratiquant les différentes Saisies; on s'est appliqué à les prévoir et à montrer les moyens propres à les résoudre. Cette partie du travail est d'autant plus utile, qu'elle sert principalement à éviter les *nullités* très-fréquemment prononcées par les dispositions qui concernent les Saisies, et dont les conséquences sont de la plus grande importance, soit pour les Parties, soit pour les Officiers Ministériels qui sont responsables des irrégularités qu'ils commettent.

On s'est déterminé à publier séparément un Traité des Saisies par plusieurs raisons. D'abord, cette matière est d'une utilité générale; on a besoin de connaître ces sortes de Procédures, quelqu'état qu'on ait embrassé. En effet, toute Personne qui a souscrit devant Notaire une obligation qu'elle ne peut pas remplir, ou a été condamnée par un Jugement qu'elle n'est pas en mesure d'exécuter, a le plus grand intérêt de savoir à quoi elle est exposée ; quels délais lui offrent des ressources ; quelles sont les formalités dont l'inobservation peut lui servir de défenses ; comment elle doit se comporter pour résister à une Saisie injuste qui vient inopinément troubler son repos, dans un moment où elle est éloignée de tous conseils.

Pareillement, quiconque est porteur d'un titre, veut connaître quelles sortes de poursuites il peut diriger contre son Débiteur, le temps qu'il faut attendre, les avances qu'il faut faire, les obstacles qu'il faut craindre, les Fonctionnaires auxquels il faut s'adresser.

En second lieu, les Saisies sont partout d'un usage journalier dans les Villes et dans les Campagnes ; souvent on est obligé d'y avoir recours, ou bien on s'en trouve atteint dans des circonstances fort urgentes, et qui ne laissent pas le temps de délibérer. Ces Procédures sont toujours commencées par les Huissiers, c'est-à-dire, par les Officiers Ministériels les plus répandus, les plus universellement consultés, et qui ont par conséquent le plus grand besoin d'être instruits, particulièrement sur ces matières importantes.

Troisièmement, parmi ceux à qui la connaissance des Saisies est nécessaire, le plus grand nombre est étranger aux autres Procédures, et ne songe pas même à se procurer les Livres qui traitent en général de toutes les parties du Code Civil et du Code Judiciaire. Un service à rendre au Public, est donc de lui offrir un Traité particulier des Saisies, contenant tout ce qui y a rapport, et est disséminé dans différentes Lois et dans divers Ouvrages.

Cependant, les Juges, les Jurisconsultes, les Avoués, en un mot, toutes les Personnes qui sont munies de Traités généraux sur la Procédure, trouveront encore celui des Saisies fort utile : il réunit, sous un seul point de vue, tout ce qui concerne ces sortes de poursuites ; on y a discuté une multitude de difficultés ; diverses erreurs, qui se rencontrent dans les Ouvrages déjà publiés, ont été ici rectifiées ; certaines dispositions, dont le sens n'avait pas été suffisamment développé, ont reçu les explications dont elles avaient besoin ; enfin quelques opinions qu'on avait cru devoir adopter, ont été changées, d'après les nouvelles interprétations indiquées par le Décret Impérial, portant la Taxe des Frais et Dépens.

Ce qu'on dit ici des erreurs rectifiées, des sens obscurs, des opinions nouvelles adoptées, doit s'entendre du *Nouveau Style de la Procédure Civile*, Ouvrage que l'impatience de l'Imprimeur a, pour ainsi dire, arraché des mains de l'Auteur, sans lui laisser le temps de revoir l'ensemble de son travail. De cette précipitation, vient la multitude de fautes typographiques et autres qui le déparent. Toutes celles qui n'auraient pas échappé à l'attention de l'Auteur, il espérait les faire disparaître dans une Nouvelle Edition ; mais on fit la Seconde sans le consulter ; et à peine put-il indiquer quelques corrections qu'il avait notées par hasard : à l'égard de la Troisième Edition, on ne lui en a jamais donné connaissance. L'Auteur a droit de s'en plaindre ; sa réputation d'Ecrivain et de Jurisconsulte doit souffrir d'une négligence à laquelle il n'a aucune part. Le *Nouveau Style* ne sera donc réellement *revu et corrigé*, que quand l'Auteur le déclarera en publiant une Edition où se trouveront toutes les corrections, tous les changemens, toutes les améliorations qu'il prépare, et dont il sera redevable aux avis qu'il reçoit journellement, soit de vive voix, soit par écrit, de Jurisconsultes et de Praticiens éclairés (1).

---

(1) Beaucoup de Lettres sont égarées où ne lui parviennent que lentement, parce qu'elles ne lui sont pas adressées directement *rue Sainte-Croix-de-la-Bretonnerie, n°. 48, à Paris.*

TRAITÉ

TRAITÉ

DES SAISIES.

Dans un pays civilisé, il n'est pas permis aux créanciers d'employer tous les moyens qui leur conviennent pour contraindre leurs débiteurs à les satisfaire. Les lois ont établi des formes qu'on est obligé de suivre, quand on veut faire exécuter un titre de créance ; elles varient selon qu'on poursuit son paiement sur les meubles ou sur les immeubles, ou contre la liberté personnelle du débiteur.

Cependant, il est des règles générales qu'il faut nécessairement connaître avant de prendre aucune des voies d'exécution. Ainsi nous commencerons à expliquer ces règles ; ensuite nous entrerons dans le détail des voies d'exécution, c'est-à-dire, des saisies.

En général, la saisie est un acte par lequel un créancier met sous la main de justice les biens de son débiteur pour le contraindre à payer. On peut attaquer les meubles par différentes sortes de saisies ; il n'en est qu'une seule qu'on puisse diriger contre les immeubles ; mais le résultat des unes et des autres est la vente des objets saisis : d'où suit la nécessité de distribuer les deniers qui en proviennent entre tous les créanciers.

On peut aussi placer au nombre des saisies, l'exercice de la contrainte par corps, en matière civile, puisque, par cette voie d'exécution, la personne du débiteur est mise sous la main de justice, par l'effet de l'emprisonnement, jusqu'à ce qu'il ait acquitté ce qu'il doit. Il peut néanmoins éviter cette contrainte par la cession de tous ses biens.

Cet exposé indique toutes les matières qu'embrasse ce Traité des saisies. Après un chapitre préliminaire, où on verra les règles générales qui s'appliquent à ces voies d'exécution, tout ce que nous avons à dire se divisera en trois Sections.

Dans la Première, seront expliquées toutes les espèces de saisies mobilières, et la distribution du prix des meubles par contribution.

La Seconde sera consacrée à la saisie immobilière, ou expropriation forcée, et à la distribution du prix par ordre d'hypothèques.

Enfin, dans la Troisième, nous verrons ce qui concerne la saisie personnelle, ou l'emprisonnement, ainsi que le bénéfice de cession, au moyen duquel on évite la contrainte par corps.

CHAPITRE PRÉLIMINAIRE.

*Règles générales concernant les Voies d'exé-
cution.*

UN jugement qui porte une condamnation, ou
un acte qui contient une obligation, autorise l'une
des parties à contraindre l'autre, par les saisies
mobilières, par la saisie immobilière, et même,
s'il y a lieu, par la saisie de sa personne.

C'est de cette exécution forcée des jugemens et
des actes, qu'il s'agit ici d'expliquer quelques
principes généraux, afin de mieux entendre ce
qu'on dira sur les saisies.

Dans un premier article on verra quels titres
sont exécutoires ; un second dira dans quels pays,
contre qui, et au profit de qui les jugemens et
les actes s'exécutent ; le troisième, à quel tribunal
sont portées les contestations relatives à leur exécution ; le quatrième expliquera ce qui concerne
l'exécution des jugemens à l'égard des tiers ; enfin,
un cinquième dira à qui est confiée l'exécution
forcée des titres.

ARTICLE PREMIER.

Des Titres exécutoires.

La saisie des biens, et quelquefois celle de la
personne du débiteur, sont les voies que permet

la loi, pour le forcer à exécuter un jugement qui a prononcé contre lui, ou un acte qu'il a souscrit, mais des contraintes pareilles ne peuvent se faire qu'au nom de l'autorité suprême ; c'est pourquoi le titre qui les autorise doit être revêtu de l'intitulé qui annonce que le Souverain lui-même ordonne ; et il est terminé par un mandement aux officiers de justice, et aux dépositaires de la force publique : cette formule est prescrite par le titre XV des constitutions de l'Empire, du 28 floréal an 12. Quand un jugement ou un acte est revêtu de cette formalité, c'est alors seulement que l'exécution forcée peut en être provoquée, et que les contraintes contre le débiteur peuvent être exercées. *Code judic. Art.* 545.

On dit alors que le jugement ou l'acte est *en forme exécutoire*, ou simplement que le titre est *exécutoire*.

Tous les jugemens, de quelque tribunal qu'ils émanent, sont susceptibles de la forme exécutoire, parce que la justice y est partout rendue au nom du Souverain.

A l'égard des actes souscrits volontairement, ceux qui sont authentiques sont les seuls auxquels convient la forme exécutoire.

On appelle *actes authentiques*, ceux qui sont passés devant des officiers publics, à qui la loi a attribué la fonction de les recevoir. Ainsi, les actes de notaires sont authentiques, parce que ces fonctionnaires ont caractère légal pour la confection des actes de leur ministère.

Les actes, pour être authentiques, non-seulement doivent être revêtus des formes exigées par les lois, mais encore ils ne peuvent avoir pour objet que les matières mises au pouvoir de ceux à qui ils sont confiés. Un acte reçu par un notaire, hors du ressort dans lequel cet officier a droit d'exercer ses fonctions, ne pourrait être valable, par conséquent et n'aurait aucune authenticité. Un notaire qui ferait un acte contenant nomination de tuteur, ne serait pas authentique, parce que la nomination des tuteurs n'appartient qu'aux juges de paix.

Tout acte authentique, revêtu de la forme exécutoire, se nomme *grosse ;* on dit donc la grosse d'un contrat, d'une obligation, d'un bail.

Ce n'est pas assez qu'un jugement ou un acte authentique soit rédigé en forme exécutoire ; il faut encore, pour qu'il en résulte la faculté d'exercer des contraintes, que ce qu'on exige du débiteur soit une chose liquide et certaine. *Art.* 551.

Ainsi, en vertu d'un jugement qui adjuge des dommages-intérêts à donner par état, on ne peut faire ni saisie-exécution, ni saisie immobilière, jusqu'à ce que les dommages-intérêts ayent été liquidés ; c'est alors seulement que la partie condamnée connaît précisément ce qu'elle doit.

Par acte passé devant notaires, je me suis obligé à payer pour vous ce que coûteront les dépens d'un certain procès. Rien n'est dû tant que le procès n'est pas jugé, parce qu'il est incertain si vous serez condamné aux dépens.

Si la dette exigible, soit par acte, soit par condamnation, est une chose en nature, et non pas une somme d'argent; par exemple, s'il s'agit de livrer un cheval, quel parti faut-il prendre?

On peut procéder à la saisie mobilière ou immobilière des biens du débiteur, pour le contraindre à livrer la chose due; mais, s'il résiste encore après la saisie, on doit surseoir à toutes poursuites ultérieures, jusqu'à ce que l'appréciation de la chose-due en nature ait été faite. C'est alors seulement que l'on continue les procédures qui conduisent à la vente des objets saisis, pour que, sur le prix qui en proviendra, le créancier puisse toucher la somme à laquelle a été liquidée la chose qui lui était due en nature. *Ibid.*

De même, la contrainte par corps, dans les cas où elle est permise, n'est exercée qu'en vertu d'un titre exécutoire, et seulement pour choses liquidées en argent. D'où il suit que, si le jugement d'un tribunal de commerce, par exemple, condamnait par corps, une personne à restituer telle espèce de marchandise désignée, l'emprisonnement ne pourrait pas s'exécuter, tant que la valeur des marchandises exigibles n'aurait pas été déterminée en argent. *Art.* 552.

ARTICLE II.

Où, entre qui les titres sont exécutoires.

D'après ce qu'on vient de dire sur la nécessité d'être muni d'un titre exécutoire pour exercer des contraintes, et pour expliquer en quoi consiste la forme exécutoire ; il résulte que les jugemens rendus par des tribunaux étrangers, ainsi que les actes reçus par les fonctionnaires d'un pays qui n'est pas français, ne sont pas susceptibles d'exécution en France. Cette conséquence est consignée dans le code judiciaire, *art.* 546 ; il excepte pourtant les cas où, par traités faits entre la France et un pays étranger, il aurait été convenu que les jugemens et actes authentiques d'une des puissances seraient exécutés sur le territoire de l'autre.

Le Code civil a une disposition semblable ; il dit expressément que les jugemens et actes émanés d'autorités étrangères, qui, par des traités ou des lois, ne sont pas assimilés aux autorités françaises, ne peuvent donner hypothèque sur des biens situés en France. On ne regarde ces jugemens et actes que comme des écrits privés ; ils ont besoin d'être rendus exécutoires par les tribunaux français.

Autrefois un jugement rendu en France, n'avait de force exécutoire que dans le ressort du tribunal d'où il émanait. Pour en étendre l'exécution dans tout le royaume, on obtenait en grande chancellerie, des lettres qu'on appelait *pareatis;* si on n'avait besoin d'exécuter ce jugement que dans une province, on prenait des lettres de *pareatis* à la chancellerie du parlement auquel ce pays était soumis; et, si c'était seulement dans l'étendue d'une simple juridiction qu'on voulait exécuter le jugement, on se contentait de la permission préalable du juge de cette juridiction.

Un pareil usage se sentait de l'ancienne féodalité : comme toutes les traces en sont effacées par les lois nouvelles, le Code judiciaire a ordonné que tous les jugemens rendus en France, par quelque tribunal que ce soit, ainsi que tous les actes authentiques qui y sont passés, seront exécutoires dans toute l'étendue de l'Empire français, sans qu'il soit besoin d'aucune espèce de permission. *Art.* 547.

En vertu d'un titre exécutoire, on ne pouvait autrefois exercer de contrainte que contre le débiteur personnellement; en sorte que, s'il venait à mourir, celles commencées cessaient jusqu'à ce qu'on eût obtenu un jugement qui déclarait le titre exécutoire également contre l'héritier, ou jusqu'à ce que l'héritier eût reconnu volontairement, par titre authentique, qu'il était débiteur personnel de la dette de son auteur. De ces dispositions des coutumes, on avait formé la maxime si connue : *Toute exécution cesse par la mort de l'obligé* ; ce qui s'entendait de la mort civile comme de la mort naturelle.

Le Code civil n'a point laissé subsister cet ancien droit ; il était en effet assez inutile de faire une procédure particulière contre l'héritier, qui en acceptant la succession, s'est reconnu suffisamment débiteur de l'obligation contractée par le défunt. Un motif assez raisonnable avait introduit l'usage de suspendre les poursuites d'exécution contre l'héritier ; il fallait lui faire connaître le titre dont peut-être il ne trouvait aucun renseignement dans la succession ; mais, pour donner cet avertissement à l'héritier, on ne voit pas qu'il soit nécessaire de prendre contre lui un nouveau titre exécutoire. Ce Code, *art.* 877, décide qu'il suffit aux créanciers du défunt de signifier leurs titres à l'héritier, et de lui laisser un délai de huit jours pour l'examiner et aviser aux moyens de payer. Ce délai étant expiré, les créanciers peuvent commencer ou continuer personnellement contre l'héritier, les poursuites d'exécution, comme ils auraient fait contre le défunt lui-même pendant son vivant.

La signification des titres doit être faite, comme celle de tous les exploits, à personne ou domicile. Il ne suffirait donc pas de faire cette signification au domicile du défunt, quoique ce soit le lieu où la succession s'est ouverte : la loi dit expressément, et avec raison, que l'héritier doit être averti en parlant à sa personne, ou à son domicile.

On conçoit que l'héritier n'est alors exposé aux poursuites personnelles, que quand il a accepté purement et simplement la succession, et non pas lorsqu'il ne l'a acceptée que sous bénéfice d'inventaire : dans ce dernier cas, il est poursuivi de même, huitaine après la signification du titre ; mais les contraintes s'exercent seulement sur les biens de la succession. Il faut observer que la huitaine qui, suivant cet *art.* 877, doit être laissée à l'héritier, après la signification du titre exécutoire, ne commence à courir qu'après l'expiration des quatre mois et demi accordés à l'héritier pour faire inventaire et délibérer. Mais, ce délai étant passé sans que l'héritier ait pris qualité, on peut, huit jours après la signification des titres de créance, diriger les poursuites contre lui ; il faudra bien qu'il fasse connaître le parti qu'il veut prendre relativement à la succession, s'il ne veut pas se laisser condamner personnellement comme héritier pur et simple. Si, avant l'expiration des délais destinés à faire inventaire et délibérer, l'héritier avait pris qualité, c'est à compter du jour où son acceptation s'est manifestée, que commence à courir la huitaine qu'on doit laisser entre la signification du titre et les poursuites.

Le décès du créancier, ou le mariage de la créancière, ne fait pas cesser le droit de contrainte contre le débiteur; par conséquent, l'héritier du créancier, ou le mari de la créancière, peut les exercer, et même continuer celles déjà commencées. La raison qu'on en donne, est que le changement dans la personne du créancier ne peut opérer aucune modification dans le sort du débiteur, dont l'obligation n'est pas moins exigible personnellement contre lui. Au contraire, quand le changement arrive dans la personne du débiteur, le successeur est bien tenu de la dette; mais le titre exécutoire ne lui est pas personnel. Il devient donc nécessaire, pour le maintien de l'ordre, que nulle contrainte ne soit exercée après la mort du débiteur, sans que, préalablement, la personne qui a succédé à l'obligation de payer n'en ait été avertie par la signification du titre, et n'ait eu un délai de huitaine pour se préparer à purger.

ARTICLE III.

De l'Exécution des Jugemens à l'égard des Tiers.

Un jugement étend quelquefois ses effets sur des personnes qui n'y sont point parties. Tantôt il s'agit de quelque chose à faire faire par un tiers, sans qu'il y ait intérêt; tantôt il est question de faire quelque chose par un tiers contre ses propres intérêts.

Le premier cas arrive, par exemple, lorsqu'un jugement prononce la main-levée d'une saisie-arrêt, ou la radiation d'une hypothèque, ou un paiement à effectuer par un dépositaire. Celui entre les mainsde qui la saisie-arrêt avait été faite, le conservateur des hypothèques et le dépositaire, sont des personnes qui n'ont aucun intérêt à la contestation décidée par le jugement; elles ont seulement quelque chose à faire pour concourir à son exécution.

On trouve le second cas dans l'exemple suivant:

Une maison a été prise à bail par un marchand qui s'y est établi. Pendant le cours de son bail, la maison est revendiquée, et un jugement ordonne que la possession en sera remise au véritable propriétaire, à qui le locataire est inconnu. Sans contredit, celui-ci est tenu de sortir de la maison, sauf son recours contre le bailleur; en ce point, l'exécution du jugement est contraire aux intérêts d'un tiers.

Il est facile de concevoir à combien d'inconvéniens peut exposer l'exécution d'un jugement de la part d'un tiers, s'il n'a pas la certitude que ce jugement n'est attaqué, ni par appel, ni par opposition. Pour les prévenir, le Code judiciaire, quand il s'agit d'un jugement qui prononce quelque chose à faire, par un tiers, ou à sa charge, ordonne que l'avoué de l'appelant fera mention de l'appel sur le registre des oppositions aux jugemens rendus par défaut dans les tribunaux de première instance. *Art.* 549.

Outre la formalité à observer sur le registre, comme on vient de le dire, l'*art.* 548, décide qu'aucun jugement ne doit être exécuté par un tiers, dans aucun temps, pas même après l'expiration des délais accordés pour l'opposition, ou pour l'appel, si ce n'est sur la représentation de deux certificats. L'un est donné par l'avoué de la partie poursuivante ; il atteste que le jugement qu'il s'agit d'exécuter a été signifié à la personne ou au domicile de la partie condamnée ; en conséquence, la date de cette signification y est indiquée. L'autre certificat est délivré par le greffier, et atteste qu'il n'existe ni opposition, ni appel contre le jugement qu'il s'agit d'exécuter.

Par cette formalité, qui est une institution nouvelle, les tiers qui sont requis d'exécuter un jugement, sont assurés qu'on ne les trompe point, et qu'ils peuvent, sans danger, obéir au jugement qu'on leur représente. En conséquence, l'*Art.* 550 ordonne aux séquestres conservateurs et tous autres, de satisfaire au jugement, à la vue du certificat portant qu'il n'existe ni opposition, ni appel sur le registre du greffe.

Quest. I. La mention sur le registre du greffe, en exécution de l'*art.* 549, doit-elle être faite pour toutes sortes d'appels, ou seulement pour les appels des jugemens qui prononcent quelque chose à faire par un tiers ou à sa charge?

Ce qui porte à douter, c'est que la mention dont il s'agit est ordonnée, par l'*art* 549, d'une manière générale, et sans spécifier si elle concerne seulement une certaine classe de jugemens, ou si elle les comprend tous.

La raison de décider se tire de l'intention que se propose la loi, par la formalité qu'elle prescrit. Il est évident que la mention dont il s'agit, ne peut être utile que pour les cas où il est besoin qu'un tiers soit rassuré, par le certificat du greffier, sur l'exécution d'un jugement où ce tiers n'a pas été partie. Par conséquent, la mention de l'appel sur le registre du greffe n'a lieu que quand le jugement prononce quelque chose à faire par un tiers.

En effet, suivant l'*art.* 548, un tiers, pour exécuter un jugement, peut exiger le certificat du greffier, constatant qu'il n'existe contre ce jugement ni opposition, ni appel; d'un autre côté, l'*art.* 549 porte qu'*à cet effet* l'avoué de l'appelant fera mention de l'appel sur le registre du greffe : on ne peut donc pas douter que cette mention soit ordonnée pour les seuls cas où il s'agit d'exécuter un jugement contre un tiers.

Quest. II. Suivant l'*art.* 550, les séquestres, conservateurs des hypothèques, et tous autres qui n'ont pas été parties au jugement, sont tenus de l'exécuter en ce qui les concerne, lorsqu'on leur produit un certificat du greffier, constatant qu'il n'existe ni opposition, ni appel. On demande si les personnes désignées dans cet article peuvent aussi exiger le certificat de l'avoué du poursuivant, constatant, comme le veut l'*art.* 548, que le jugement a été signifié au domicile de la partie condamnée.

La raison de douter vient de ce que l'*art.* 550 ordonne aux séquestres, conservateurs ou autres, de satisfaire au jugement sur le vu du certificat du greffier, sans parler du certificat de l'avoué. De là les uns concluent que les deux certificats sont prescrits, quand l'exécution exigée d'un tiers est à sa charge; mais que si le tiers est indifférent à l'exécution qu'on lui demande, tel qu'est un séquestre, un conservateur, il lui suffit du certificat du greffier.

D'autres objectent qu'on a voulu établir une précaution en faveur de l'opposant et de l'appelant, afin que nulle exécution ne soit réclamée contre un tiers, au préjudice de la voie prise pour attaquer le jugement. Pareillement, on a voulu qu'un tiers ne fût pas forcé d'obéir à un jugement dont l'exécution est suspendue par une opposition ou un appel. Or, si les séquestres , conservateurs ou autres tiers non intéressés , pouvaient exécuter sur le seul certificat du greffier, il pourrait arriver que l'intention de la loi fût trompée. En effet, lorsque le jugement n'a pas été signifié au domicile de la partie condamnée, celle-ci n'a pas pu y former opposition, ni en interjeter appel : il n'y a donc aucune mention de l'une de ces voies ordinaires sur le registre du greffier; en sorte que , sur son certificat, l'exécution faite par des tiers, dans cette circonstance, porterait le préjudice qu'on a voulu éviter.

Pour avoir le véritable sens de l'*art.* 550, il faut nécessairement l'interpréter par l'*art.* 548. En conséquence, notre avis est que les séquestres, conservateurs et autres tiers, sans distinguer s'ils sont intéressés ou non, sont bien réellement tenus de satisfaire au jugement, sur le vu du seul certificat du greffier : le texte est si positif à cet égard, qu'on ne peut pas l'entendre autrement. Mais aussi nous pensons que le greffier ne doit pas donner son certificat, sans avoir entre ses mains celui de l'avoué, qui lui atteste que le jugement a été signifié à domicile. Par ce moyen, les deux articles qui semblent faire difficulté se trouvent observés.

ARTICLE IV.

Des Difficultés qui s'élèvent sur l'exécution des titres.

En général, les contestations qui surviennent lors de l'exécution d'un jugement, sont portées au tribunal qui l'a rendu. Ce tribunal connaît mieux le sens qu'il faut donner aux condamnations qu'il a prononcées. Pareillement, un acte authentique présente-t-il des difficultés dans son exécution, il faut les soumettre au tribunal qui a sur cet acte l'autorité exécutive : ce qui varie selon les circonstances et la nature des actes.

Cependant, si les difficultés élevées sur l'exécution d'un jugement ou d'un acte requièrent célérité, le juge du lieu peut y statuer provisoirement ; mais il doit renvoyer la connaissance du fond de la difficulté au tribunal à qui l'exécution du titre appartient. *Code jud., art.* 554.

Ainsi, en vertu d'un jugement rendu à Paris, on procède à une saisie-exécution de marchandises trouvées à Lyon ; un autre créancier, de son côté, fait aussi une saisie-exécution des mêmes objets, en vertu d'une obligation également passée à Paris, où est le domicile des parties. Il s'agit de savoir laquelle des deux saisies sera convertie en simple opposition, attendu que deux saisies-exécutions ne peuvent pas avoir lieu à la fois sur les mêmes objets. C'est au tribunal de Paris qu'il faudra se pourvoir, pour faire prononcer sur cette contestation, en conséquence du principe général, que l'exécution d'un jugement appartient au tribunal de qui il émane.

Mais si, pour saisir les objets mobiliers qui se trouvent à Lyon, on éprouvait un refus de porte, sous prétexte que les effets à saisir n'appartiennent pas au débiteur, il serait à craindre que celui-ci ne fît disparaître le gage de ses créanciers, pendant qu'on viendrait plaider à Paris. Comme le cas requiert évidemment célérité, on pourra se pourvoir provisoirement sur cette difficulté, devant le juge de Lyon, sauf à porter le fond de la contestation au tribunal de Paris, pour y faire décider auquel des deux saisissans sera donnée la préférence pour continuer l'exécution.

La règle qui veut que chaque tribunal ait la connaissance des contestations relatives aux jugemens qu'il a rendus, s'applique seulement aux tribunaux ordinaires, et non aux tribunaux de commerce à qui les seules matières de négoce sont attribuées.

Au dernier titre du livre second du Code judiciaire, on voit que l'exécution des jugemens rendus par les tribunaux de commerce ne leur appartient point; c'est la disposition de l'*art.* 442, qui ne dit pas où seront portées les contestations relatives à cette exécution. Au titre six du livre quatre, le

Code achève la législation sur ce point. Il décide positivement que les difficultés qui s'élèvent quand on exécute les jugemens des tribunaux de commerce, sont portées devant le tribunal de première instance, dans l'arrondissement duquel se poursuit l'exécution. *Art.* 553.

Par conséquent, s'il est fait à Paris une saisie en vertu d'un jugement du tribunal de commerce de cette même ville, et qu'il survienne des difficultés sur cette exécution, c'est au tribunal de première instance de Paris qu'il faut se pourvoir. Par suite du même jugement, fait-on une autre saisie à Lyon, ce sera devant les juges ordinaires de Lyon qu'on portera les contestations que cette seconde saisie pourrait occasionner.

Au titre unique du livre trois du même Code, on voit, *art.* 472, que, quand une Cour d'appel confirme la décision d'un tribunal de première instance, celui-ci conserve le droit de la faire exécuter. Cette disposition est conforme au principe général qui confie à chaque tribunal l'exécution de la condamnation qu'il a prononcée.

Mais, si le jugement dont est appel est infirmé, la Cour d'appel se réserve l'exécution de son arrêt, entre les mêmes parties, ou elle attribue cette exécution à un tribunal de première instance, autre que celui dont le jugement a été infirmé.

C'est encore ici l'application de notre principe

général; car le jugement infirmé n'existe plus, et l'arrêt qui y est substitué appartient uniquement à la Cour; elle a donc le droit d'en suivre l'exécution, ou de commettre à cet effet tel tribunal de première instance qu'elle voudra choisir. Ce qui lui est prescrit ici de particulier, c'est de ne pas confier l'exécution de son arrêt au tribunal dont elle a infirmé le jugement.

De là, il suit que si la décision d'un tribunal de commerce est infirmée, la Cour ne peut pas en garder l'exécution; car, il n'y a jamais à craindre que le tribunal de commerce puisse en connaître, attendu que cette exécution appartient aux juges ordinaires des lieux où elle se fait.

ARTICLE V.

Par qui sont faites les Saisies.

L'exécution forcée d'un titre consiste à diriger les différentes saisies, contre la partie qui refuse de payer volontairement. Ce sont les huissiers, qui ont le droit d'exercer ces diverses contraintes.

Si on oppose à l'exercice de leurs fonctions des prétentions énoncées verbalement, ils sont tenus d'en faire mention en leurs exploits, qu'ils achèvent néanmoins, parce que rien ne peut arrêter les opérations qu'ils ont commencées. Les poursuites ultérieures sont suspendues jusqu'à ce qu'il ait été statué sur les difficultés, soit provisoirement quand le cas exige célérité, soit définitivement.

Les huissiers éprouvent-ils de la résistance par violence, ils sont autorisés à se faire aider de la force armée établie dans le lieu de l'exécution. Pour y parvenir, l'huissier se retire devant l'autorité la plus à proximité, soit le juge de paix, soit le commissaire de police, soit le maire ou l'adjoint; à plus forte raison peut-il s'adresser au président du tribunal. L'officier requis, s'il trouve le titre exécutoire en règle, et dans les mains d'un huissier ayant droit d'instrumenter dans le lieu, délivre un ordre que le commandant de la force armée ne peut méconnaître.

On voit par-là l'utilité de la formule employée pour rendre un titre exécutoire. C'est d'abord un mandement à tous huissiers requis de mettre à exécution l'acte dont il s'agit : ensuite le mandement s'adresse aux magistrats, dans la personne des procureurs généraux et impériaux, pour qu'ils ayent à y tenir la main ; enfin le mandement enjoint aux dépositaires de la force publique de prêter main forte toutes les fois qu'ils en sont légalement requis.

Si l'huissier est maltraité pendant l'exécution dont il est chargé, outre qu'il invoque la force armée, il dresse un procès-verbal de rébellion. Cette disposition du Code judiciaire s'applique, non-seulement aux huissiers, mais encore à tous les officiers insultés dans l'exercice de leurs fonctions. Leur procès-verbal est considéré comme une plainte; et on procède contre les auteurs de la rébellion, suivant les règles établies par le Code criminel. *Art.* 555.

Suffit-il à un huissier de représenter le titre exécutoire, pour prouver qu'il est chargé d'exercer toutes les contraintes légales?

La remise du jugement, ou de l'acte, faite à l'huissier, est un pouvoir suffisant pour procéder à toute espèce d'exécution, excepté la saisie immobilière et l'emprisonnement. Pour ces deux sortes de contraintes qui sont de la plus grande importance, il est nécessaire que l'huissier soit muni d'un pouvoir spécial, émané de la partie qui poursuit l'exécution du titre, dont en même temps l'huissier doit être porteur. *Art.* 556.

Question. Si un huissier, chargé de faire des contraintes en vertu d'un jugement, éprouve de la résistance, il peut réclamer la force armée. On demande s'il doit nécessairement la requérir d'un magistrat, ou bien s'il peut s'adresser directement au commandant militaire.

Ceux qui exigent que l'huissier se pourvoie devant un magistrat civil ou judiciaire, invoquent l'*art.* 587, qui, en cas de saisie-exécution, veut que, pour procéder de force à l'ouverture des portes, l'huissier se retire devant le juge de paix, ou le commissaire de police, ou le maire, ou l'adjoint.

On répond que cet article ne concerne pas la

réquisition de la force armée; qu'il n'y est parlé que du cas où l'huissier doit s'introduire dans une maison dont il trouve les portes fermées; que la loi ne l'a pas autorisé à violer l'asyle d'un citoyen, sans qu'un magistrat ne soit présent, pour le maintien de l'ordre et la sécurité de la partie saisie, qui, en pareille circonstance, est souvent absente. On conclut donc que l'huissier, en vertu du mandement qui termine tous les juge-mens et actes délivrés en forme exécutoire, peut directement s'adresser au commandant de la force armée.

Nous croyons cette dernière opinion rigoureu-sement conforme aux principes. Cependant, comme il n'est pas certain que tout commandant militaire veuille prendre sur lui de répondre à la réquisition d'un huissier, qu'il ne connaît pas le plus souvent, et que, d'un autre côté, il n'est pas toujours en état de reconnaître si le titre dont on veut faire usage est régulier, beaucoup d'huis-siers prennent le parti de s'adresser au magistrat qu'ils trouvent le plus près d'eux, afin d'en obtenir un ordre pour le commandant de la force armée.

Au reste, il est des circonstances où ce recours préalable serait trop long et trop préjudiciable; alors, l'huissier ne doit pas balancer à user du droit qu'il a de requérir directement la force ar-mée, en vertu du titre qu'il est chargé de mettre à exécution.

SECTION PREMIÈRE.

Des diverses Saisies Mobilières, et de la Distribution par Contribution.

Toute saisie qui frappe sur des meubles ou des deniers, est mobilière ; il y en a de sept sortes. Le prix des objets vendus par suite de ces différentes saisies, se distribue par contribution entre les créanciers. De là, huit chapitres qui divisent cette première section, où on verra successivement ce qui concerne,

1°. La saisie-arrêt ou opposition ;

2°. La saisie-exécution ;

3°. La saisie des fruits, ou saisie-brandon ;

4°. La saisie des rentes sur particuliers ;

5°. La saisie-gagerie ;

6°. La saisie-arrêt sur débiteur forain ;

7°. La saisie-revendication ;

8°. La distribution par contribution.

CHAPITRE PREMIER.

De la Saisie-Arrêt ou Opposition.

La matière de ce chapitre sera divisée en sept articles. Le premier dira ce que c'est que la saisie-arrêt; le second, dans quelles circonstances on peut faire une saisie-arrêt; le troisième, comment on procède pour saisir-arrêter; le quatrième, quelles sont les obligations du tiers saisi; le cinquième, quels sont les effets de la saisie-arrêt; le sixième, quelles choses sont insaisissables; enfin le dernier contiendra des modèles d'actes.

ARTICLE PREMIER.

Ce que c'est que la Saisie-Arrêt ou Opposition.

On admettait autrefois de la différence entre la saisie-arrêt et la simple opposition. La saisie-arrêt donnait lieu à une demande qui devait être formée par le saisissant; tandis que l'opposition n'était qu'un acte conservatoire, qui n'obligeait pas le saisissant à prendre le rôle de demandeur. Aujourd'hui cette distinction n'existe plus; la loi nouvelle assimile l'opposition à la saisie-arrêt, au point qu'en bonne doctrine, on peut dire que l'usage de l'opposition est abrogé, et que la seule voie de la saisie-arrêt a été conservée. Cependant le Code judiciaire, en réglant ce qui concerne cette saisie, la nomme constamment *saisie-arrêt* ou *opposition*; de manière qu'on peut maintenant, dans la pratique, donner à la *saisie-arrêt* le nom d'*opposition*, et réciproquement, ces deux expressions étant devenues synonymes. On peut aussi conserver le nom de saisie-arrêt à l'exploit qui désigne les objets arrêtés dans les mains d'un tiers, et le nom d'opposition à l'acte qui arrête généralement tout ce qui est entre les mains du tiers saisi, et appartient au débiteur, sans désignation des objets.

Quant à nous, il a suffi de faire cette observation; nous ne parlerons plus que de la saisie-arrêt, pour éviter toute confusion avec les anciennes idées.

La saisie-arrêt est dans la classe des saisies mobilières, parce qu'elle ne peut frapper que sur des sommes de deniers, ou des effets mobiliers. Son but particulier est d'empêcher un débiteur de disposer d'objets qui lui appartiennent, et qui se trouvent dans les mains d'un tiers.

On peut donc définir la saisie-arrêt, un acte, par lequel un créancier met sous la main de justice les sommes ou autres objets mobiliers, dus par un tiers à son débiteur; elle est essentiellement accompagnée d'assignation à ce tiers pour déclarer ce qu'il doit, et être condamné à en faire délivrance au profit du créancier, jusqu'à concurrence de ce qui lui est dû; comme aussi le débiteur est nécessairement assigné pour consentir cette délivrance des objets arrêtés.

D'après cette définition, on conçoit une suite de procédures qui doit avoir ses règles, et qu'on va expliquer dans les articles suivans. On voit que, dans une saisie-arrêt, il y a essentiellement trois parties; le créancier saisissant, le débiteur saisi, et le détenteur sur qui la chose est saisie-arrêtée. On les nomme plus simplement le saisissant, le saisi, et le tiers saisi.

A R T I C L E I I.

Quand on peut faire une Saisie-Arrêt.

En elle-même, la saisie-arrêt n'est qu'un acte conservatoire; elle conduit à un jugement d'où il résulte la faculté de contraindre; mais, tant que ce jugement n'est pas rendu, aucune exécution ne peut avoir lieu à l'égard des objets arrêtés. De là il suit que, pour faire une saisie-arrêt, il suffit d'être créancier, en vertu de titre authentique ou privé, et qu'il n'est pas nécessaire que ce titre soit en forme exécutoire. *Code judic.*, *art.* 557.

Une créance pouvant exister légitimement sans qu'elle soit constatée par un titre, *l'art.* 558 permet aussi de suivre, dans ce cas, la voie de la saisie-arrêt; mais alors il exige qu'on en ait obtenu la permission, sur une requête présentée au président du tribunal, soit du domicile du débiteur, soit du lieu où la saisie-arrêt doit être faite. Cette permission n'est accordée que quand il y a grande vraisemblance que la dette est réelle.

Par suite de notre définition, la saisie-arrêt ne peut s'effectuer que sur des objets qui se trouvent en mains tierces. En effet, les objets appartenans au débiteur, et qui sont en sa possession, sont mis sous la main de la justice par une autre voie, celle de la saisie-exécution, dont on parlera au chapitre suivant.

Il est également nécessaire, pour que la saisie-arrêt ait lieu, que les objets arrêtés, entre les mains d'un tiers, appartiennent au débiteur ; c'est seulement sur les biens de ce dernier que le créancier a des droits. Celui qui, dans l'incertitude de savoir si certains objets, qui sont en mains tierces, appartiennent au débiteur, les fait arrêter, risque de supporter les dépens s'il s'est trompé ; il est même en danger de payer des dommages-intérêts au tiers saisi, à qui cette procédure aurait causé du tort. Quand on est dans la crainte de se tromper, on fait ce qu'on peut appeler aujourd'hui une opposition ; c'est-à-dire qu'on arrête d'une manière générale, et sans désignation des objets, tout ce qui peut appartenir au débiteur, entre les mains du tiers saisi. Alors la déclaration de ce tiers détermine les choses sur lesquelles frappe l'opposition ; et si, par l'événement, il se trouve que celui-ci ne possède rien appartenant au débiteur, l'opposant en est quitte pour

les frais, et n'est point passible des dommages-
intérêts.

Enfin, une condition nécessaire à la validité
de la saisie-arrêt, comme à celle de tous les actes
de procédure, est que celui, à la requête de qui
elle est faite, soit vivant. L'*art.* 562 exige en conséquence que l'huissier qui a signé la saisie-arrêt,
soit tenu de justifier, s'il en est requis, l'existence du saisissant, à l'époque où le pouvoir de
saisir a été donné.

Par cette disposition, on a voulu obvier à un
abus qui s'était trop multiplié. Un huissier, chargé
de la confiance et des titres d'un créancier, ap-
prenant que ce dernier était mort, se hâtait, pour
grossir le mémoire de frais, de faire des saisies-
arrêts partout où il pouvait, au nom du défunt,
dont il feignait d'ignorer le décès.

Aujourd'hui, si un huissier tombait dans la
même faute, il encourrait la peine de l'interdic-
tion, et il serait tenu des dommages-intérêts des
parties. *Ibid.*

ARTICLE III.

Procédure de Saisie-Arrêt.

Cet article contiendra trois paragraphes ; le
premier parlera de l'exploit de saisie-arrêt; le second, de la procédure contre le saisi; et le dernier, de la procédure contre le tiers saisi.

§. Ier.

De l'Exploit de Saisie-Arrêt.

L'acte de saisie-arrêt se fait par le ministère d'un huissier, qui le signifie, dans la forme de tous les exploits, à la personne ou au domicile du tiers saisi.

Cet exploit énonce le titre en vertu duquel se fait la saisie-arrêt; la somme pour laquelle la saisie-arrêt est faite, doit y être également désignée. *Code jud., art.* 559.

Si la saisie-arrêt se fait en vertu d'une permission, l'ordonnance du juge qui l'accorde doit énoncer la somme réclamée, et l'exploit de saisie doit contenir copie de cette ordonnance. *Ibid.*

Quand la créance pour laquelle on demande permission de saisir-arrêter n'est pas liquide, l'évaluation provisoire en est faite par le juge, et constatée par son ordonnance. *Ibid.*

Par ce moyen, jamais une saisie-arrêt ne peut être faite pour des causes vagues, générales, et à déduire en temps et lieu : le débiteur est donc toujours à portée de faire cesser la saisie-arrêt. Il n'en était pas ainsi avant le Code judiciaire, et il en résultait de grands abus.

Une dernière formalité à laquelle est assujétie la saisie-arrêt, consiste à faire, par l'exploit, une élection de domicile, pour le saisissant, dans la commune où se fait la saisie, s'il n'y demeure pas lui-même. Par cette disposition, le tiers saisi, qui est étranger à la querelle d'entre le créancier et le débiteur, n'a pas de peine à trouver le saisissant, dans le cas où il aurait quelque chose à lui faire signifier.

Au reste, ces formalités sont toutes de rigueur; la saisie-arrêt serait nulle, si une seule était omise. *Ibid.*

Les ajournemens adressés à des personnes qui ne demeurent pas sur le continent français, doivent être portés au domicile du procureur impérial, suivant que l'ordonne l'*art.* 69, §. 9.

Mais l'exploit de saisie-arrêt n'est point compris dans cette disposition; il est assujéti à la règle générale, qui veut que tout exploit soit signifié à personne ou domicile.

Par conséquent, la saisie-arrêt d'un objet appartenant au débiteur, et qui se trouve entre les mains d'une personne demeurant hors du continent français, doit nécessairement être signifiée à cette personne ou à son domicile réel; autrement, elle pourra valablement s'acquitter envers le débiteur. *Art.* 560.

A l'égard de la saisie-arrêt faite entre les mains des receveurs, dépositaires ou administrateurs de caisse, ou de deniers publics, à cause de leurs fonctions, elle n'est valable que quand l'exploit est remis à la personne préposée pour le recevoir, et lorsqu'en outre cette personne vise l'original,

En cas de refus, on prend le visa du procureur impérial de l'arrondissement dans lequel se fait la saisie-arrêt. *Art.* 561.

Quest. I. On demande à quel juge il appartient de faire l'évaluation provisoire d'une créance non liquide, en vertu de laquelle on veut procéder à une saisie-arrêt, pour se conformer à *l'art.* 559.

D'un côté, on croit que c'est à celui qui est compétent pour donner la permission de saisir-arrêter; d'un autre, on soutient que c'est exclusivement au juge, qui seul peut prononcer sur la validité de la saisie-arrêt.

Pour ce dernier sentiment, on dit que l'évaluation provisoire de la créance est un accessoire de la demande en validité de la saisie-arrêt; que cette demande étant spécialement attribuée au juge du domicile du débiteur saisi, c'est à ce même juge qu'il faut porter tout ce qui tient à cette demande, et par conséquent l'évaluation provisoire.

La première opinion est beaucoup plus raisonnable. En permettant de s'adresser ou au juge du domicile du débiteur, ou à celui du domicile du tiers saisi, pour obtenir permission de saisir-arrêter, *l'art.* 558 a voulu donner au créancier dépourvu de titre tout moyen d'éviter des longueurs, lorsqu'il a besoin de mettre promptement en sûreté des objets appartenans à son débiteur.

Anisi, quand il s'agit de faire une saisie-arrêt ou opposition sans titre, et qu'on s'adresse au juge du domicile du débiteur, le même juge est essentiellement compétent pour évaluer provisoirement la créance, puisque c'est à lui seul qu'appartient la connaissance du fond. La question porte donc sur le cas où le créancier prend la permission du juge du tiers saisi, pour suppléer au titre qui lui manque. Assurément, il ne trouverait aucun avantage à choisir ce juge, si, d'un autre côté, pour l'évaluation provisoire de la créance, il était tenu de se pourvoir devant le juge du débiteur; l'intention de la loi, qui veut l'aider en cette occasion, ne serait pas remplie. Il est donc évident que, dans le cas proposé, l'évaluation provisoire de la créance doit se faire par le même juge qui est autorisé à donner la permission de saisir-arrêter.

En conséquence, lorsqu'il y a lieu à l'évaluation provisoire d'une créance dont il n'y a pas de titre, elle se fait par la même ordonnance qui accorde la permission de saisir, et qui s'appose, par le juge, au bas de la requête du créancier. Pareillement, s'il s'agit de faire une saisie-arrêt en vertu d'un titre où l'objet de la créance n'est pas liquide, on présente également requête au juge, soit du débiteur, soit du tiers saisi, non pas pour obtenir une permission dont on n'a pas besoin dans l'hypothèse, mais pour requérir une évaluation provisoire.

Quest. II. En vertu d'une créance conditionnelle, serait-on autorisé à former une opposition entre les mains d'un tiers?

La raison de douter, est que l'opposition est un acte conservatoire qui ne préjuge rien, et qui peut être déclaré valable pour le cas seulement où la condition arrivera. Or, le Code civil, *art.* 1180, décide que le créancier peut exercer tous les actes conservatoires avant que la condition soit accomplie. En conséquence, après avoir assigné le débiteur en validité de l'opposition, dans la huitaine, et avoir dénoncé cette demande au tiers saisi, dans un pareil délai, on peut attendre, pour continuer les poursuites, que l'événement de la condition soit arrivé.

Quelque régulière que fût une pareille procédure dans sa forme, elle ne peut être permise quant au fond. En effet, la saisie-arrêt ou oppoposition n'est pas, à proprement parler, un acte purement conservatoire; elle tend à priver le débiteur d'objets qui lui appartiennent. Si donc son obligation est conditionnelle, on n'a pas le droit de l'empêcher de jouir de sa chose, tant que l'événement de la condition n'est pas arrivé, parce que celui qui a terme ne doit rien; le Code civil permet au créancier de faire ce qui tend à conserver son droit, mais non pas ce qui trouble le débiteur dans la possession de son bien.

Supposons, par exemple, que l'opposition ait

été faite entre les mains de vos locataires, pour raison d'une somme qui ne sera due que dans le cas d'un événement futur, on conçoit qu'il y aurait injustice à vous empêcher de toucher vos loyers, même quand la condition consisterait dans un événement qui ne peut pas manquer d'arriver. S'il en était autrement, une personne qui doit à une époque déterminée ne serait pas plus en sûreté que si la dette était exigible : elle ne pourrait pas jouir de ses revenus, tant qu'elle n'aurait pas soldé son créancier ; ce qui serait contraire à l'obligation même où il a été stipulé une époque de paiement.

Il ne faut donc pas compter la saisie-arrêt ou opposition au nombre des actes purement conservatoires, qu'il est permis de faire en vertu d'un engagement conditionnel. Parmi ces derniers on trouve, par exemple, l'inscription hypothécaire ; elle n'a d'autre but que de conserver les droits du créancier, sans que le débiteur soit privé de son immeuble. Par conséquent, il n'y a point d'inconvénient à prendre ces sortes d'inscriptions, même en vertu d'une créance conditionnelle.

Au reste, notre intention ici est uniquement de caractériser la saisie-arrêt ou opposition, et de faire voir qu'on la regarderait mal à propos comme un acte conservatoire, tandis qu'elle est une des voies d'exécution autorisée pour obtenir le paiement auquel un créancier a droit de prétendre actuellement. A l'égard des différens effets des conditions de toutes les espèces, il n'entre point dans notre plan d'en parler; c'est une matière étrangère à la procédure.

Quest. III. Quoique le tiers saisi demeure en pays étranger, c'est à sa personne ou à son domicile que l'exploit de saisie-arrêt, ou opposition doit être signifié; l'*art.* 560 le décide formellement. On demande de quelle forme devra être revêtue cette signification. Si elle n'est pas régulière, elle est nulle; et cependant, il n'est pas possible de remplir, en pays étranger, toutes les formalités exigées par les lois de France.

Dans les actes, on distingue ce qui est intrinsèque de ce qui n'est qu'extrinsèque. Les parties, dans tout pays, sont libres de donner à leurs actes telles qualités intrinsèques qu'elles jugent convenables; ce qui signifie qu'elles peuvent y insérer les stipulations ou déclarations qu'elles veulent. A l'égard des qualités extrinsèques des actes, c'est-à-dire, des formes purement extérieures, elles ne peuvent que suivre celles autorisées par les lois du pays où elles habitent.

Ainsi, lorsque le Code veut que la signification de la saisie-arrêt se fasse à la personne, ou au domicile même de ceux qui habitent hors de France, il exempte cet exploit des formes extérieures qu'il devrait avoir s'il était fait sur le territoire français, telles que celles du timbre, de l'enregistrement, du ministère d'un huissier ; mais il exige que l'exploit soit revêtu des formalités prescrites pour de pareils actes dans le pays où il est signifié. L'observation de ces formalités est attestée, comme c'est l'usage, par l'agent du gouvernement français dans ce même pays ; et sa signature est légalisée par le ministre des relations extérieures.

A l'égard de ce qui est intrinsèque, le saisissant, dans quelque pays qu'il fasse signifier son opposition, n'a aucune raison pour s'exempter de se conformer à ce que prescrit le Code judiciaire. Par exemple, son exploit doit contenir tout ce qu'exige l'*art.* 559, à peine de nullité ; il n'est pas même exempt d'élire domicile par son exploit dans le lieu où demeure le tiers saisi, qui doit avoir, même hors de France, un moyen prompt et facile de communiquer avec le saisissant.

§. II.

Procédure contre la Partie saisie.

Une suite nécessaire de la saisie-arrêt, est de procéder contre le saisi pour qu'il consente à la délivrance des objets arrêtés ; et contre le tiers saisi pour qu'il déclare en quoi consistent les choses qu'il possède et qui appartiennent au débiteur. De là, deux sortes de procédures qui vont ensemble ; l'une contre le saisi, c'est celle qui nous occupe ; l'autre contre le tiers saisi, elle sera expliquée dans le paragraphe suivant.

Dans la huitaine du jour où la saisie-arrêt a été signifiée, le saisissant doit la dénoncer au saisi ; c'est-à-dire que, par un exploit signifié à sa personne ou à son domicile, le débiteur doit être averti que ce qui lui appartient dans les mains d'un tiers, a été arrêté par l'effet de la saisie dont il lui est en même temps donné copie.

Par le même exploit, assignation doit être donnée au saisi, pour accorder ou contester la validité de la saisie-arrêt. *Code jud.*, *art.* 563.

Quand les parties ne demeurent pas dans le même lieu, on ajoute au délai de huitaine un jour par trois myriamètres de la distance qu'il y a du domicile du saisissant à la demeure du tiers saisi, et à la demeure de la partie saisie. *Ibid.*

Exemple. Un débiteur demeure à Melun, et son créancier demeure à Paris, c'est-à-dire, à une distance de quatre myriamètres. En vertu de son titre, le créancier fait une saisie-arrêt entre les mains d'un tiers qui est domicilié à Orléans, ville éloignée de Paris de douze myriamètres. Pour faire la dénonciation, et donner assignation au débiteur, le délai de huitaine, accordé au créancier, sera augmenté de sept jours ; savoir : trois jours pour la distance de Paris à Melun, et quatre jours pour la distance de Paris à Orléans.

Il était nécessaire de donner ainsi une augmentation, en raison de la double distance ; car le créancier, qui a fait saisir-arrêter à Orléans, ne peut dénoncer et assigner que quand l'original de l'exploit lui est revenu ; or, pour ce retour, il faut un jour pour trois myriamètres de la distance du domicile du saisi à celui du saisissant.

De plus, quand celui-ci a reçu l'original de son exploit de saisie-arrêt, il lui faut le temps d'envoyer sur le lieu où demeure le débiteur, pour lui en faire la dénonciation ; ce qui exige encore un jour par trois myriamètres de la distance du domicile du saisissant à celui du saisi.

Faute de former la demande en validité dans les délais prescrits, la saisie-arrêt est nulle. *Art.* 565.

En aucun cas, il n'est besoin de faire citer en conciliation, pour former la demande en validité de la saisie-arrêt. *Art.* 566.

Quest. I. A quel tribunal doit être portée la demande en validité de la saisie-arrêt ? si cette saisie est faite en vertu d'un jugement, n'en est-elle pas une suite, et par conséquent la connaissance n'en appartient-elle pas au tribunal qui a prononcé ce même jugement ?

On pourrait adopter l'affirmative, si la loi n'avait pas décidé que, dans tous les cas, la demande en validité de la saisie-arrêt est de la compétence du tribunal, dans l'arrondissement duquel est situé le domicile de la partie saisie. *Art. 567.*

Ainsi, pour raison d'un billet que m'a sous-crit Pierre, qui demeure à Versailles, j'ai obtenu contre lui un jugement, en vertu duquel j'ai fait saisir-arrêter les loyers qui lui sont dus pour une maison sise à Melun. L'assignation en validité de la saisie-arrêt, sera donnée devant le tribunal de Versailles, où demeure Pierre, partie saisie.

Quand la partie saisie demande la main levée de la saisie-arrêt, la contestation est portée pareillement au tribunal de son domicile. *Ibid.*

Les délais pour comparaître sur l'assignation, soit en validité, soit en main levée de la saisie-arrêt, sont les mêmes que ceux réglés pour tous autres ajournemens.

Quest. II. Comment peut-il y avoir lieu, sous le régime du Code judiciaire, à former, par exploit, des demandes en main levée de saisie-arrêt ou opposition, puisque tout est nul, si, dans la huitaine, le saisissant n'a pas intenté sa demande en validité ?

Il est certain que les demandes en main levée seront bien moins fréquentes, parce qu'elles pourront toujours être opposées comme défense à la demande en validité, et c'est ce qu'a voulu la nouvelle loi. Dans l'ancienne jurisprudence, le créancier avait souvent intérêt de ne pas tra-duire son débiteur en justice, afin de le forcer à devenir lui-même demandeur en main levée. De là, en vertu de la maxime, *Actor forum rei sequitur*, le créancier était assigné devant les juges de son domicile. Il avait l'avantage de plaider sans être dérangé de ses foyers, tandis que le débiteur était obligé d'aller réclamer au loin. Cette forme de procéder était évidemment contraire au principe général de compétence qu'on vient de citer ; car celui qui est attaqué par une opposition est essentiellement défendeur, fût-il véritablement débiteur. Cependant, par un abus intolérable, quand on voulait distraire un adversaire de son tribunal naturel, on formait opposition sur lui, même sans titre et sans spécifier aucune somme, et on le laissait sous le poids d'une pareille vexation. Pour s'en débarrasser, il était tenu de demander la main levée de l'op-position ; il s'adressait nécessairement au tri-bunal du domicile de l'agresseur, qui se trouvait, par suite de sa négligence volontaire, avoir le rôle de défendeur.

Ces réflexions font sentir combien est sage la disposition des *art.* 563 et 567. L'un veut que tout saisissant forme sa demande en validité dans la huitaine ; et l'autre attribue, dans tous les cas, la connaissance des demandes en vali-dité et en main levée au seul tribunal du débiteur. On pense donc qu'il n'y aura presque plus de demandes en main levée ; mais cet heureux effet est dû aux dispositions qui l'ont prévu. Au reste, si un débiteur saisi ne veut pas attendre le délai de huitaine pour être débarrassé de la saisie-arrêt, il peut prendre l'initiative et se pourvoir en main levée, sans perdre l'avantage attaché à la qualité de défendeur, puisqu'il se pourvoira devant les juges de son domicile.

Quest. III. Tout ce qui est dit au chapitre dont nous nous occupons, règle le cas où le débiteur et le tiers saisi demeurent sur le continent français, ainsi que le cas où le tiers saisi seulement habite hors de ce continent. Mais qu'arriverait-il si un français, créancier d'une personne demeurant en pays étranger, avait fait saisir-arrêter des effets ou des sommes d'argent appartenans à son débiteur, et trouvés en France entre les mains d'un tiers ?

Il n'y a point de difficulté pour faire la saisie-arrêt ; on suit les formes prescrites par le Code judiciaire, puisque cet exploit est donné à la personne ou au domicile d'un habitant de la France. Mais, en vertu de l'*art.* 563, il faut dénoncer la saisie au débiteur, l'assigner en validité, et, suivant l'*art.* 567, porter cette demande au tribunal du domicile du débiteur ; or, dans l'hypothèse, ce débiteur demeure en pays étranger : on demande si le créancier français sera tenu de s'adresser à des juges étrangers pour prononcer sur une saisie-arrêt faite en France.

Il est de principe de droit public, qu'on ne peut pas invoquer l'autorité judiciaire d'un pays, pour prononcer sur des poursuites faites dans un autre pays qui n'est pas gouverné par les mêmes lois. C'est par suite de cette vérité, qui résulte de l'indépendance des nations à l'égard les unes des autres, que le Code judiciaire, *art. 546*, défend de mettre à exécution, en France, des jugemens rendus et des actes passés en pays étrangers. Ce n'est pas que les obligations qui en résultent soient nulles ; mais il faut les faire reconnaître devant les tribunaux français, comme s'il s'agissait d'actes privés.

De là il suit que la demande en validité de la saisie-arrêt ne peut pas être dirigée devant des juges établis par une autorité étrangère. Mais, dans l'exemple proposé, à quel tribunal sera donc traduit le débiteur demeurant hors du continent français ? La réponse se trouve dans l'*art.* 14 du Code civil, qui dit expressément que l'étranger, même non résidant en France, pourra être cité devant les tribunaux français pour l'exécution des obligations contractées envers les français, soit en France, soit hors de France. Le débiteur qui demeure en pays étranger, et que son créancier français poursuit, peut donc être assigné en validité de la saisie-arrêt dont il s'agit, devant les juges de France, quel que soit le titre en vertu duquel s'est faite la saisie.

Reste maintenant à savoir à quel tribunal de France la demande en validité sera portée. Lorsqu'il faut choisir entre le tribunal du lieu où se fait la saisie et celui du domicile du débiteur, la loi décide pour ce dernier ; mais, dans le cas dont on parle, parmi ceux que le saisissant actionne, le seul demeurant en France étant le tiers saisi, on ne peut pas douter que la contestation ne soit de la compétence du tribunal dans l'arrondissement duquel demeure ce dernier.

En conséquence, la dénonciation de la saisie, contenant assignation en validité, est signifiée au débiteur étranger, en s'adressant au domicile du procureur impérial, comme le prescrit l'*article* 69, §. 9, et dans les délais fixés par l'*article* 73.

§. I I I.

Procédure contre le Tiers saisi.

Quand la demande en validité de la saisie-arrêt a été dirigée contre le débiteur, suivant les formes qu'on a expliquées dans le paragraphe précédent, il faut dénoncer cette demande au tiers saisi ; c'est-à-dire que, par un exploit signifié à personne ou domicile, le saisissant doit donner à ce tiers copie de l'assignation qu'a reçue le débiteur pour accorder ou contester la validité de la saisie. *Code jud.*, art. 564.

Cette dénonciation doit être faite dans le délai

de huitaine, à compter du jour de la demande en validité. Si pourtant les parties ne demeurent pas dans la même commune, ce délai sera augmenté d'un jour par trois myriamètres, pour la double distance qu'il y a du domicile du saisissant à la demeure du débiteur, et à celle du tiers saisi. *Ibid.*

En effet, pour dénoncer la demande en validité, il faut que l'exploit d'ajournement soit de retour ; ce qui exige une augmentation de délai à raison de la distance entre le domicile du débiteur et celui du saisissant. De plus, il faut, pour faire dénoncer cet exploit, l'envoyer sur les lieux où demeure le tiers saisi ; ce qui nécessite une seconde augmentation de délai à raison de la distance qu'il y a du domicile du saisissant à celui du tiers saisi. Tant que la dénonciation de la demande en validité n'est pas faite au tiers saisi, il n'est tenu à aucune déclaration de ce qu'il doit à la partie saisie. *Ibid.*

Si la dénonciation n'est pas faite dans les délais prescrits, les objets arrêtés entre les mains d'un tiers peuvent être valablement remis au débiteur ; car alors l'effet de la saisie est détruit par la négligence du saisissant. Néanmoins, quoique la dénonciation de la demande en validité arrive après le délai fixé, la saisie, par cette formalité, reprend toute sa force sur les objets arrêtés qui se trouvent encore entre les mains du tiers ; ensorte que celui-ci ne pourroit plus les rendre valablement au débiteur poursuivi. *Art.* 565.

Par l'exploit de dénonciation, le tiers saisi peut être assigné pour déclarer ce qu'il doit à la partie saisie, pourvu que le saisissant ait un titre authentique. Autrement, avant d'exiger aucune déclaration de la part du tiers saisi, il faut attendre qu'un jugement ait prononcé la validité de la saisie-arrêt. *Art.* 568.

Lorsque le tiers saisi est assigné pour faire sa déclaration, l'ajournement lui est donné, sans citation préalable au bureau de conciliation ; et cette demande est portée au tribunal qui doit connaître de la saisie-arrêt. *Art.* 570.

Si la déclaration du tiers saisi est contestée, il peut demander son renvoi devant ses juges naturels. *Ibid.* En effet, tant qu'il n'est appelé que pour déclarer ce qu'il doit, il n'est point partie dans la cause, il n'y paraît que comme témoin ; mais, dès que sa déclaration est contestée, il se trouve attaqué ; par conséquent, c'est une demande toute particulière formée contre lui ; il peut donc réclamer le principe : *Actor forum rei sequitur.*

Lorsque la saisie-arrêt est faite entre les mains d'un fonctionnaire public, on ne doit pas l'assigner en déclaration ; mais ce fonctionnaire est tenu de délivrer un certificat qui constate s'il est dû à la partie saisie ; il énonce la somme, si la dette est liquide. *Art.* 569.

Quest. I. En exécution de l'*art.* 564, la dénonciation de la demande en validité de la saisie-arrêt doit se faire, au tiers saisi, dans le délai de huitaine, augmenté proportionnément à la double distance qu'il y a du domicile du saisissant à celui du débiteur et à celui du tiers. Mais, lorsque le débiteur demeure en pays étranger, comme dans l'espèce de l'exemple précédent, il n'y a pas de moyen légal de calculer les distances : comment donc régler l'augmentation dont est susceptible le délai de huitaine pour faire la dénonciation ?

Il est aisé de voir que l'intention de la loi est d'accorder huit jours, à compter de la demande en validité, pour que la dénonciation en soit faite. Comme le jour où a été signifié l'exploit de demande ne peut être connu du saisissant que quand l'original de l'exploit lui est revenu, la loi veut que la huitaine soit augmentée du temps nécessaire pour franchir la distance qu'il y a du domicile du débiteur assigné à celui du demandeur en validité. En conséquence, dans le cas proposé, la huitaine ne commencera à courir que de l'expiration du délai de l'assignation donnée au débiteur, et fixé par l'*art.* 73 ; car c'est-là le seul calcul légal du temps nécessaire pour franchir les distances hors du continent français. Si, par exemple, ce débiteur demeure dans un pays limitrophe de France, il aura deux mois pour comparaître sur la demande en validité. Pareillement, le saisissant aura le même temps pour retirer l'original de l'exploit, à compter du jour où cet acte aura été signifié. Il jouira ensuite, de la huitaine pour préparer la dénonciation ; et, il aura, en outre, pour envoyer ce dernier ex-ploit, une augmentation d'un jour par trois myria-mètres de la distance qu'il y a de sa demeure à celle du tiers saisi à qui s'adresse cette dénoncia-tion de la demande en validité.

Cette interprétation, pour le cas non prévu dont il s'agit, est une conséquence de ce que dit la loi pour le cas dont elle parle ; mais elle est aussi conforme à ce qu'elle ordonne, dans une circonstance à peu près semblable, par l'*art.* 642, relativement à la saisie d'une rente, quand la partie saisie demeure hors du continent français.

Quest. II. Il est facile d'apprécier les distances, quand toutes les parties demeurent en France ; mais comment les calculer, pour fixer les dé-lais de la dénonciation dont il s'agit, si le tiers saisi habite un pays étranger ?

Les uns disent qu'il faut faire déterminer un délai par le tribunal où la demande en validité est portée. Ce n'est pas résoudre la difficulté, parce qu'on demanderait par quelles règles se détermi-nerait le tribunal pour la fixation du délai.

Il paraît donc plus raisonnable d'appliquer aux distances des pays situés hors du continent français les délais prescrits par *l'art.* 73 pour les ajournemens : il y a même raison de décider ; car il faut au saisissant, pour faire signifier un exploit dans un pays étranger, le même temps qui a été jugé nécessaire pour que la partie assignée dans ce même pays puisse comparaître devant un tribunal de France.

Quest. III. Dans quel délai le tiers saisi doit-il faire la déclaration qui lui est demandée par le saisissant ?

Puisque *l'article* 570 dit que le tiers saisi sera assigné en déclaration, il y a donc instance dans laquelle le saisissant est le demandeur, et le tiers saisi le défendeur. Or, tout défendeur assigné est tenu de comparaître dans les délais fixés pour toutes sortes d'ajournemens ; de là il suit que le tiers saisi, quand il demeure sur le continent français, doit répondre à l'assignation, c'est-à-dire déposer sa déclaration au greffe, dans la huitaine, augmentée d'un jour par trois myriamètres de la distance qu'il y a de son domicile au lieu où siége le tribunal ; c'est le délai prescrit par *l'art.* 72, modifié par *l'art.* 1033. Si le tiers saisi réside en pays étranger, il aura, pour faire le dépôt de sa déclaration au greffe, deux mois, ou quatre mois, ou six mois, ou un an, selon qu'il habite une des contrées désignées par *l'art.* 73.

Quest. IV. Par qui sont supportés les dépens que la demande en déclaration peut occasionner?

Quoique l'instance introduite à fin d'obtenir la déclaration ait pour demandeur le saisissant, et pour défendeur le tiers saisi, elle n'en est pas moins un accessoire de la demande en validité de la saisie-arrêt ou opposition ; en sorte que celui qui succombe sur cette demande principale doit supporter tous les dépens, tant de la demande en validité que de la mise en cause du tiers saisi et de la déclaration que ce dernier a pu faire. Or, comme l'instance principale ne s'instruit qu'entre le saisissant d'une part, et le débiteur saisi de l'autre, il en résulte que le tiers ne peut jamais être tenu aux dépens occasionnés par son intervention, où il n'est, pour ainsi dire, qu'un simple témoin dont on ne peut exiger qu'une déclaration. Si donc il était obligé de faire des avances pour effectuer le dépôt de sa déclaration au greffe, il pourrait en obtenir exécutoire contre le saisissant, comme de frais préjudiciaux, sauf à celui-ci à les répéter contre son débiteur, si la demande en validité est accueillie.

Observez cependant que, s'il s'élève une contestation sur la sincérité de la déclaration faite par le tiers saisi, soit que cette contestation reste au tribunal où est la demande principale, soit qu'en vertu de *l'art.* 570, elle soit renvoyée devant les juges du domicile du tiers saisi, les dépens qu'elle occasionnera particulièrement seront supportés par la partie qui succombera sur cette contestation incidente ; elle n'est pas confondue avec la demande en validité. Par conséquent le tiers saisi pourra être condamné aux dépens de cet incident, s'il est prouvé que sa déclaration est vicieuse.

Quest. IV. Le tiers saisi est assigné en déclaration, après le jugement qui déclare valable la saisie-arrêt ; il fait sa déclaration qui n'est pas contestée : faut-il obtenir un autre jugement qui donne acte de la déclaration et autorise le tiers saisi à vider ses mains en celles du poursuivant ? ou bien, en vertu du seul jugement qui maintient valable la saisie-arrêt ou opposirion, le tiers saisi assigné en déclaration peut-il payer le créancier ?

On dit, d'un côté, que toute demande ne peut être terminée en justice que par un jugement ; le tiers saisi ayant été assigné à comparaître dans les délais des ajournemens pour faire sa déclaration, cette instance doit nécessairement recevoir une décision du tribunal. Autrement, avec quel titre pourrait-on forcer le tiers saisi à vider ses mains, s'il s'y refusait? Ce ne pourrait pas être avec le jugement qui prononce la validité de la saisie-arrêt ou opposition, puisqu'il n'y est pas partie. En effet, l'*art.* 564 exige bien que cette demande en validité soit dénoncée au tiers saisi, mais il ne dit pas que la dénonciation contiendra assignation; ni par conséquent que le tiers sera tenu de se présenter sur la demande en validité; d'où il résulte que le jugement qui déclarera cette validité ne le concernera pas.

D'autres pensent qu'il ne faut jamais se permettre de procédures inutiles, et que, par conséquent, il n'y a pas lieu à un second jugement, dans le cas dont il s'agit, parce qu'il n'est nullement nécessaire. En prononçant la validité de la saisie-arrêt ou opposition, le tribunal condamne la partie saisie à laisser livrer au créancier les sommes ou effets arrêtés entre les mains d'un tiers; il autorise en même temps ce dernier à vider ses mains en celles du créancier; en sorte que le tiers saisi n'aura plus que sa déclaration à faire lorsqu'on la lui demandera. Si elle n'est pas contestée, il sera évidemment autorisé par le jugement à remettre au créancier les sommes qu'elle se trouvera énoncer, ou à laisser vendre les effets mobiliers dont elle fera mention, le tout jusqu'à concurrence de la somme qui a motivé la saisie-arrêt ou opposition.

Suppose-t-on que la déclaration soit contestée? C'est alors seulement qu'il devient nécessaire d'obtenir un jugement qui prononce directement contre le tiers saisi, pour décider que telle somme ou certains objets dont il ne parlait pas seront compris parmi ceux qu'il devra remettre pour servir au paiement du créancier.

Mais , dira-t-on , si on se contente du jugement qui prononce la validité de la saisie-arrêt ou opposition , quand la déclaration n'est pas contestée, pourra-t-on l'exécuter contre le tiers saisi qui ne s'y trouve pas qualifié ? Rien n'en empêche; car le jugement porte précisément que le tiers saisi est autorisé à vider ses mains. Or, quand ensuite ce tiers a fait sa déclaration, pour obéir à l'assignation qui lui a été donnée en vertu du même jugement, il en a reconnu l'autorité , et il s'est soumis par cette déclaration à livrer les objets qui y sont énoncés. Ainsi , pour raisonner rigoureusement , ce ne sera pas directement en vertu du jugement où il n'a pas été partie et où il n'avait que faire , qu'il sera tenu de livrer les objets arrêtés dans ses mains ; ce sera en vertu de sa déclaration passée au greffe , en exécution du jugement ; cette déclaration est un titre authentique devenu exécutoire contre le tiers saisi.

Muni de l'expédition tant du jugement en validité de la saisie-arrêt ou opposition , que de la déclaration du tiers saisi, le créancier a donc titre suffisant pour forcer le tiers saisi, par toutes les voies d'exécution ; à remettre ce qui a été arrêté en ses mains. Ce serait donc perdre du temps et des frais inutilement, et par conséquent une procédure vicieuse, que de prendre un second jugement pour faire entériner la déclaration du tiers, quand elle n'est pas contestée.

ARTICLE IV.

Des Obligations du tiers saisi.

Nous diviserons les obligations du tiers saisi en deux paragraphes : dans le premier, nous parlerons de sa déclaration ; dans le second, de ce qu'il doit faire après sa déclaration.

§. Ier.

De la Déclaration du tiers saisi.

Dans les délais de l'ajournement qui lui a été donné, le tiers saisi est tenu de comparaître en personne, assisté d'un avoué, au greffe du tribunal qui connaît de la saisie-arrêt : il y est dressé acte, par le greffier, de la déclaration faite par le comparant, de ce qu'il doit à la partie saisie, ou des objets dont il est détenteur, et qui appartiennent à cette même partie. Le même acte fait mention que le tiers saisi a affirmé la sincérité de sa déclaration. *Code jud., art.* 571.

Si le tiers saisi ne demeure pas dans le lieu où siége le tribunal devant lequel il est assigné, le même article lui permet de faire et d'affirmer sa déclaration devant le juge de paix de son domicile, sans que, par la suite, il soit besoin de réitérer son affirmation au greffe.

En cas d'empêchement valable de faire sa déclaration et son affirmation en personne, le tiers
saisi pourra remplir cette formalité par un fondé
de pouvoir spécial ; celui-ci se présente en conséquence au greffe du tribunal qui connaît de la
saisie-arrêt. Le tiers saisi qui ne demeure pas sur
les lieux peut aussi donner pouvoir de faire sa
déclaration devant le juge de paix de son domicile. *Art.* 572.

De quelque manière que se fasse la déclaration
du tiers saisi, elle doit énoncer les causes et le
montant de ce qu'il doit à la partie saisie ; les
payemens à compte, s'il en a été fait ; l'acte de
libération ; si le tiers saisi n'est plus débiteur ;
enfin toutes les saisies-arrêts formées entre ses
mains, s'il en existe. *Art.* 573.

Si, parmi les choses arrêtées, il se trouve des
effets mobiliers, le tiers saisi doit en faire sa
déclaration, et y joindre un état détaillé de ces
mêmes effets. *Art.* 578.

§. 1 I.

Ce qui suit la Déclaration du tiers saisi.

Le tiers saisi doit déposer au greffe les pièces
qui servent à justifier la déclaration qu'il a faite ;
si donc elle a été reçue par le juge de paix
du domicile du tiers saisi, celui-ci, à qui le juge
de paix remet la cédule, constatant la déclaration et l'affirmation, doit y joindre les pièces

justificatives, et faire remettre le tout au greffe du tribunal, où il a été assigné en déclaration. *Code jud.*, art. 574.

L'acte du dépôt fait au greffe, tant de la déclaration du tiers saisi que des pièces justificatives, est signifié par un seul acte contenant constitution d'avoué; cette signification est donc un acte que l'avoué, qui se constitue pour le tiers saisi, envoie à l'avoué du saisissant, à la requête duquel il est assigné en déclaration. *Ibid.*

Si, postérieurement à sa déclaration, il survient entre ses mains de nouvelles saisies-arrêts, le tiers saisi est tenu de les dénoncer au premier saisissant, par acte d'avoué, et par extrait contenant les noms des saisissans postérieurs, l'élection de domicile par eux faite, et les causes de leurs saisies. *Art.* 575.

Cet acte est compris dans la première classe de ceux qui sont du ministère des avoués, et taxé dans Paris, et les quatre villes du premier ordre, 1 franc; un dixième de moins.

Dans les villes du second ordre, 90 centimes;

Et partout ailleurs, 75 centimes. *Tarif, art.* 72; *décret, art.* 2 et 3.

Dès que le saisissant est averti que la déclaration du tiers saisi, et les pièces justificatives sont au greffe, il en prend communication; et, s'il n'y trouve rien à critiquer, il ne se fait plus entre eux la moindre procédure : le saisissant ne doit plus s'occuper que de la demande en validité de la saisie, contre son débiteur; et, de son côté, le tiers saisi doit attendre que cette contestation, à laquelle il est étranger, soit terminée. *Art.* 575.

Mais, quand la déclaration du tiers saisi est contestée, le saisissant le fait savoir par une requête d'avoué, contenant les conclusions qu'il entend diriger contre le tiers saisi. Alors s'élève, entre celui-ci et le saisissant, une instance dans laquelle le débiteur peut intervenir.

Cependant, comme nous l'avons observé plus haut, le tiers saisi, par une autre requête d'avoué, en réponse à celle de son adversaire, est fondé à demander son renvoi devant les juges de son domicile; car, dans cette contestation, il est défendeur.

Il peut aussi laisser la décision de la difficulté au tribunal devant lequel il se trouve. Dans ce cas, pour répondre à la requête qui critique la sincérité de sa déclaration, il signifie simplement des défenses.

Après l'instruction devant le tribunal où la cause est portée, il intervient un jugement qui règle le sort de la déclaration.

ARTICLE V.

Des Effets de la Saisie-Arrêt.

La saisie-arrêt met sous la main de la justice les objets sur lesquels elle frappe. En conséquence, le tiers saisi ne peut plus disposer de ce qui est arrêté en ses mains, que conformément à un jugement ou à un accord entre le saisissant et son débiteur. Néanmoins, il ne faut pas oublier que la saisie-arrêt ne force plus le tiers à conserver dans ses mains les objets arrêtés, lorsque dans le délai dont il a été parlé plus haut, la demande en validité de la saisie ne lui a pas été dénoncée. Cependant, si la dénonciation arrivait après l'expiration du délai, et que le tiers saisi n'eût pas encore vidé ses mains, il ne pourrait plus valablement remettre au débiteur les objets saisis, la saisie-arrêt ayant, par la dénonciation, repris tout son effet sur les objets non encore rendus.

Sur l'assignation à fin de donner et affirmer sa déclaration, si le tiers saisi ne satisfaisait pas aux formalités prescrites, et qui ont été expliquées ; ou si, au mépris de la saisie-arrêt, il disposait des objets qu'elle a frappés, il serait déclaré, par jugement, débiteur pur et simple des causes de la saisie : il serait tenu en conséquence de remettre au saisissant tout ce que celui-ci réclame de son débiteur. *Code jud., art.* 577.

Quand le tiers saisi a fait régulièrement sa déclaration, et qu'elle a été reconnue comme sincère; ou bien, quand, après avoir été contestée, le montant de cette déclaration est fixé par jugement, le tiers saisi doit la totalité de sa déclaration. Mais il ne peut s'en dessaisir que conformément à ce qui est ordonné par le jugement qui intervient entre le saisissant et le débiteur, ou par un accord légal entre ces deux parties.

Si le débiteur avait soutenu la nullité de la saisie, et qu'il eût gagné sa cause, le tiers saisi ne se trouverait plus dépositaire, il pourrait lui remettre ce qu'il lui doit.

Dans le cas où la saisie-arrêt est déclarée valable, et qu'elle frappe sur des sommes d'argent, le jugement ordonne que le tiers saisi payera au saisissant en l'acquit de la partie saisie; le tiers, en effectuant ce payement, en est valablement libéré envers cette même partie saisie.

Si la saisie-arrêt frappe sur des effets mobiliers, le jugement, qui la déclare valable, ordonne qu'ils seront vendus, conformément à la loi, et que le prix en sera délivré au saisissant, jusqu'à concurrence de ce qui lui est dû.

Quand les deniers saisis, ou ceux provenant de la vente des effets mobiliers, excèdent ce qui revient au saisissant, le surplus appartient au débiteur, et le tiers saisi peut le lui payer.

Suivant l'*art.* 579, si le jugement déclare valable la saisie-arrêt, il est procédé à la vente des objets saisis, comme il est dit au titre de la *Saisie-Exécution*; et la distribution du prix, ou des deniers saisis est faite, comme le prescrit le titre de la *Distribution par Contribution*, entre les créanciers du débiteur, s'il en a d'autres que le saisissant : ces deux sortes de procédures seront expliquées par la suite.

Observez, au surplus, que le tiers saisi, non-seulement n'est tenu de payer que ce qu'il doit, mais qu'on ne peut le forcer à payer qu'aux époques stipulées par son obligation. Ainsi, supposons que des loyers échus et à échoir ayent été saisis-arrêtés, le tiers ne doit actuellement que les loyers échus, et il ne payera au saisissant les loyers à venir qu'à l'échéance de chaque terme.

Par suite de la même équité, la partie saisie ne doit faire, ni avec le tiers saisi, ni avec toute autre personne, depuis la saisie-arrêt, des conventions contraires aux intérêts du saisissant. Tous arrangemens qui sont faits en fraude des créanciers, peuvent être attaqués, et sont annullés.

Par conséquent, un bail fait par le débiteur au tiers saisi, et qui n'est pas encore expiré, lorsque les loyers sont arrêtés, ne peut pas être rompu, sans l'aveu du saisissant; autrement, celui-ci soutiendrait avec raison que la résiliation du bail a pour but de le priver des loyers à échoir.

Par la même raison, la vente que le débiteur ferait de son droit à la chose saisie, ne pourrait pas nuire au saisissant, puisqu'il a mis cette chose sous la main de la justice, pour sûreté de sa créance, avant que la vente en fût faite par le débiteur.

Question. Quel effet peut avoir aujourd'hui une simple opposition faite avant le Code judiciaire, et qui n'a pas été suivie d'une demande en validité ?

Il y a des personnes qui croient que le tiers saisi peut payer, au préjudice d'une pareille opposition, jusqu'à ce qu'elle ait été recommencée dans la forme nouvelle ; elles se fondent sur ce que l'acte dont il s'agit n'est pas une demande, mais un simple avertissement donné au tiers saisi, afin qu'il ne paye rien au débiteur. Pour utiliser cet avertissement par une demande, on avait tout le temps qu'on voulait : aujourd'hui on ne peut pas en tirer parti, puisque, par la supposition, elle date de plus de huit jours, et que nulle opposition n'est valable, si, dans le délai de huitaine, elle n'est pas suivie d'une demande en valadité.

D'ailleurs, l'ajournement qui serait donné aujourd'hui pour voir déclarer valable une opposition formée avant le Code, serait nécessairement introductive d'instance ; ce serait l'initiative d'une contestation qui n'existait pas encore.

Or, suivant l'*art.* 1041., tout procès intenté depuis le premier janvier 1807, doit être instruit suivant les formes nouvelles ; par conséquent, il faudrait que l'assignation en validité fût donnée dans la huitaine de l'opposition ; donc l'opposition faite avant le Code ne peut produire aucun effet ; car, pour que l'assignation se trouve donnée dans la huitaine, il faut recommencer l'opposition.

Dans l'opinion contraire, on soutient que la procédure commencée avant le Code est valable ; la simple opposition n'est pas une demande introductive d'instance, il est vrai ; il en résulte qu'elle est à elle seule une procédure complète qui, étant régulière pour le temps où elle a été faite, doit produire tout l'effet dont elle est capable, c'est-à-dire, empêcher le débiteur de toucher ce qui peut lui appartir dans les mains du tiers à qui l'opposition a été signifiée. Sans doute que, pour tirer un avantage plus réel de son opposition, le créancier sera tenu de former une demande ; mais ce sera une instance qui, n'ayant pas encore été commencée, devra être suivie conformément à la nouvelle loi.

En vain objecte-t-on qu'une demande en validité d'opposition est nulle aujourd'hui, si elle n'est pas formée dans la huitaine de l'opposition. La loi ne s'explique pas ainsi : elle dit que l'opposition est nulle, si, dans le délai de huit jours, elle n'est pas suivie d'une demande en validité. La nullité ne frappe pas directement sur la demande tardive, mais sur l'opposition abandonnée trop long-temps. Dans ce sens, la demande tardive n'est pas nulle essentiellement; elle n'est pas accueillie, parce qu'elle se trouve sans objet. Or, la disposition qui prononce la nullité dont il s'agit n'a pas d'effet rétroactif; elle n'affecte que les oppositions faites depuis le Code. A l'égard de celles qui ont été faites avant la nouvelle loi, elles sont valables, quoique non suivies de demande. Si donc aujourd'hui on assigne en validité d'une opposition ancienne, on ne peut pas dire que la demande repose sur un acte annullé, et qu'elle soit sans objet.

ARTICLE VI.

Des Choses insaisissables.

Il est des choses qui ne sont point sujettes à la saisie, soit par intérêt public, soit par humanité, soit par l'effet du titre en vertu duquel on les possède; on va les faire connaître dans les trois paragraphes suivans:

§. Ier.

Des Choses qui, par intérêt public, ne peuvent être saisies.

Les traitemens des fonctionnaires, soit militaires, soit civils, ainsi que des employés de toute espèce, et payés par l'Etat, ne sont saisissables que jusqu'à concurrence d'une certaine portion. Le service public pourrait souffrir, si les salariés dont on parle pouvaient être privés de la totalité de leurs appointemens, par leurs créanciers. *Code jud.*, *art.* 580.

Il en est de même des pensions accordées sur l'Etat. Un encouragement bien utile pour le service public, est de donner à ceux qui sont dans le cas de mériter des pensions, l'assurance de n'en être jamais privés en totalité, sous aucun prétexte. *Ibid.*

Cependant, il eût été trop dur de ne laisser aucune prise sur les traitemens et pensions de l'Etat, aux créanciers de ceux qui en jouissent ; c'est pourquoi la saisie en est permise pour une portion. Elle n'est pas fixée par le Code, parce qu'il peut devenir intéressant qu'elle soit, tantôt diminuée, tantôt augmentée : il est dit seulement que les traitemens et pensions dus par l'Etat, ne peuvent être-saisis que pour la portion déterminée par les lois, ou par arrêtés du Gouvernement.

Le besoin de conserver à la dette publique le crédit qui est nécessaire, a fait décider, non par le Code, mais par une loi particulière, que les rentes constituées sur l'Etat ne peuvent être saisies, pour aucune portion.

§. II.

Des Choses qui, par humanité, ne sont point sujettes à la saisie.

Quand un tribunal, soit en matière civile, soit en matière criminelle, adjuge une provision alimentaire à l'une des parties, pour l'aider à vivre pendant l'instruction du procès, il serait contraire au but de la justice, et à l'humanité, de permettre la saisie de ce secours accordé dans des circonstances pressantes, et qui n'est jamais assez considérable pour excéder les besoins les plus urgens. *Code jud.; art.* 581.

Cependant, les provisions dont on parle sont destinées à nourrir ceux à qui la justice les accorde : il n'est donc point contraire à ses intentions que la saisie en soit faite, pour cause d'alimens ; mais aussi c'est le seul cas où les provisions alimentaires soient saisissables. *Ibid.*

Les sommes, ou les pensions données, soit entre vifs, soit à cause de mort, pour servir d'alimens, sont également hors d'atteinte de toute saisie, même quand le testament, ou l'acte de donation, n'exprimerait pas que ces objets seront insaisissables. Cette condition est suppléée de plein droit, quand le bienfaiteur a déclaré que sa générosité a pour but d'assurer des alimens au légataire ou donataire ; c'est encore l'humanité qui a dicté cette disposition du même article.

Néanmoins, il est des circonstances où la dette contractée par le donataire ou légataire est sacrée; c'est pourquoi la loi n'interdit toute saisie qu'aux créanciers antérieurs à la donation, ou à l'ouverture du legs; à l'égard des créanciers postérieurs, ils peuvent saisir, mais sous l'autorisation du juge. *Ibid.*

A cet effet, un créancier qui veut saisir-arrêter une pension alimentaire, par exemple, donnée par testament à son débiteur, doit présenter requête au président du tribunal à qui appartient la connaissance de cette saisie-arrêt. Si la créance est postérieure à l'ouverture du legs, si elle paraît suffisamment justifiée, et si les causes en sont favorables, le président appose, au bas de la requête, une ordonnance qui permet de saisir-arrêter la pension, et qui, en même temps, détermine la somme pour laquelle aura lieu la saisie. *Ibid.*

§. I I I.

Des Choses insaisissables par le titre de pos-session.

Chacun est libre de mettre telle condition qui lui plaît aux dispositions qu'il fait de son bien à titre gratuit. Ce n'est pas à nous de développer ce principe bien connu; mais il en résulte une conséquence qui reçoit ici son application.

En effet, tout donateur ou testateur peut déclarer que les objets par lui donnés ou légués seront insaisissables, même sans qu'il soit besoin d'expliquer le motif de cette condition qu'il impose. Ainsi, non seulement une somme, ou pension léguée ou donnée pour alimens, est de plein droit insaisissable, comme nous venons de le voir; mais encore, quel que soit le motif pour lequel une somme ou une pension est donnée ou léguée; si le donateur ou testateur a déclaré qu'elle serait insaisissable, cette condition doit toujours être respectée. *Code jud., article* 581.

Cette décision n'est pourtant pas sans restriction. Il faut distinguer les créanciers antérieurs à la donation ou à l'ouverture du legs, et les créanciers postérieurs. Assurément, ceux qui ont prêté à une personne, avant qu'elle devînt donataire ou légataire, n'ont pas pu être déterminés par l'événement heureux qui lui est arrivé par la suite.

Il n'en est pas de même des créanciers qui ont contracté avec la même personne, depuis qu'elle est en possession de la donation ou du legs. Ils l'ont vue dans un certain état qui a dû raisonnablement exciter leur confiance. Il serait donc bien dur pour des créanciers légitimes de se voir totalement frustrés de leur paiement, par un débiteur dans l'aisance, qui refuserait d'être juste envers eux. En conséquence, la loi admet les créanciers postérieurs à saisir l'objet de la donation ou du legs, mais sous l'autorisation du juge qui, seul, a droit de décider s'il est convenable de permettre la saisie. Pour y parvenir, un créancier doit donc présenter sa requête au président du tribunal à qui appartient la connaissance de la saisie - arrêt qu'il s'agit d'exercer. D'après les circonssances, le président appose au bas de cette requête la permission de saisir-arrêter, et il détermine la portion de la somme ou de la pension qu'il soumet à la saisie-arrêt. *Art.* 582.

Observez que l'ordonnance obtenue par un créancier, et qui lui permet de saisir - arrêter une portion du legs ou de la donation, ne peut pas servir aux autres créanciers. Le juge est autorisé à indiquer les cas où la condition imposée par le donateur ou le testateur souffre exception; mais il ne peut le faire d'une manière générale : il doit se décider sur chaque requête qui lui est présentée, selon les circonstances. S'il autorise un créancier à saisir, il peut refuser la même faculté à un autre dont le titre ne serait pas aussi favorable.

S'il dépend d'un particulier de rendre insaisissable ce qu'il donne, à plus forte raison l'autorité souveraine peut-elle attribuer le même caractère aux objets qu'elle désigne. Il est donc de principe qu'on ne peut saisir les choses que la loi a déclarées insaisissables. *Art.* 581.

Nous avons vu comment il était quelquefois dérogé, selon les circonstances, à la condition imposée par le particulier, mais il n'en est pas de même de la disposition de la loi. Ce qu'elle a mis hors des atteintes de la saisie, ne peut jamais y être soumis, même avec la permission du juge.

Citons pour exemple les rentes constituées sur l'Etat; la loi les ayant déclarées insaisissables, il n'est aucune autorité judiciaire qui puisse permettre à un créancier de saisir les rentes de cette espèce, appartenantes à son débiteur. En vain objecterait-on que ce débiteur en possède une quantité bien au-dessus de ses besoins; en vain prouverait-on que la dette a été contractée pour alimens. Aucune saisie ne peut empêcher que le débiteur en soit payé, parce que le privilége dont elles jouissent est prononcé d'une manière absolue et sans restriction.

ARTICLE VII.

Modèles pour la Saisie - Arrêt.

§. Ier.

Exploit de Saisie - Arrêt.

» L'an mil huit cent cinq, le 12 janvier, à la requête du sieur Jean B..., marchand de toile, demeurant à Meaux, département de Seine-et-

Marne, pour lequel domicile est élu à l'effet des présentes, chez Me C..., avoué, demeurant à Versailles, rue de l'Orangerie, n°. 67 ; et en vertu d'un jugement rendu au tribunal de première instance de Paris, le quinze décembre dernier, entre le requérant et le sieur Noël R..., négociant, demeurant à Paris, rue et division des Lombards, n°. 40 ; moi, Michel A...., huissier reçu au tribunal de première instance de Versailles, y demeurant, rue du Réservoir, n°. 29, j'ai saisi et arrêté, entre les mains de la dame veuve O...., demeurant à Versailles, rue Notre-Dame, n°. 12, tous les deniers, loyers, arrérages de rentes, et généralement tous les objets quelconques, qu'elle doit ou devra audit sieur R...., à quelque titre que ce soit, pour sûreté et pour avoir paiement de la somme de dix-huit cents francs, énoncée audit jugement ; en conséquence, j'ai fait défense à ladite dame veuve O.... de s'en dessaisir, jusqu'à ce qu'il en ait été autrement ordonné par justice, à peine de payer deux fois, et de répondre de toutes pertes, dépens, dommages-intérêts.

» La copie du présent acte a été laissée, par moi soussigné, au domicile de la dame veuve O....; en parlant à une fille qui m'a dit être sa domestique.

« Le coût du présent acte est de........

« *Signé* A...., huissier. »

Si le titre du saisissant était un acte, il faudrait l'énoncer à la place du jugement dont est parlé dans l'exemple ; si c'était une permission du juge, il faudrait donner, en tête de l'exploit, copie de la requête présentée au président du tribunal, et de l'ordonnance par lui mise au bas.

L'original de l'exploit de saisie-arrêt ou opposition est taxé, pour Paris, Lyon, Bordeaux, Rouen et Bruxelles, à 2 fr. 20 cent.

Dans les autres villes ayant Cour d'appel, ou dont la population excède 30,000 ames, cette taxe est réduite d'un dixième, le coût de l'original y est donc de 1 fr. 98 cent.

Partout ailleurs, cet original est de 1 fr. 50 c.

Chaque copie de cet exploit est taxé le quart de l'original. *Tarif, article* 29 *; décret, article* 1 *,* 2 *et* 3.

Pour les copies de pièces qui peuvent être données avec l'exploit, il est alloué, en général, pour chaque rôle contenant vingt lignes à la page et huit ou dix syllabes à la ligne, ou évalué sur ce pied, à Paris, Lyon, Bordeaux, Rouen et Bruxelles, 25 cent.

Dans les autres villes où siége une Cour d'appel, ou dont la population excède 30,000 ames, un dixième de moins, ci 23 cent.

Partout ailleurs, 20 cent. *Ibid. Art.* 28 *; décret, art.* 1 *,* 2 *et* 3.

Dans la taxe ne sont compris que les émolumens dus aux officiers ministériels ; les déboursés, qui sont le papier timbré et l'enregistrement, sont payés en outre des prix de la taxe. Néanmoins, au bas de tous leurs actes et procès-verbaux, les huissiers doivent déclarer ce qui leur revient pour émolumens suivant la taxe, et pour les déboursés ; il faut énoncer ces deux classes de frais séparément, tant sur l'original que sur chaque copie. *Tarif, art.* 66, 151.

§. II.

Dénonciation au saisi, et Assignation en validité de la Saisie-Arrêt.

Au bas de la copie de l'exploit de Saisie-arrêt, l'huissier dresse son acte de dénonciation comme il suit :

« L'an mil huit cent cinq, le quatorze janvier, à la requête du sieur Jean B....., marchand de toile à Meaux, département de Seine-et-Marne ; moi, Charles M....., huissier reçu au tribunal civil de Paris, y demeurant, rue des Gravilliers, n°. 56, j'ai dénoncé, et, avec ces présentes, donné copie au sieur Noël R....., négociant, demeurant à Paris, rue et division des Lombards, n°. 40, de la saisie-arrêt faite le douze du présent mois, par exploit de A...., entre les mains de ladite veuve O....., demeurant à Versailles, rue Notre-Dame, n°. 12, afin qu'il n'ignore du contenu en ladite saisie-arrêt.

» A la même requête, j'ai, en outre, donné assignation audit sieur R.... à comparaître, dans le délai de huitaine, à l'audience du tribunal de première instance de Paris, pour voir déclarer valable la saisie-arrêt faite, au nom du requérant, entre les mains de ladite veuve O...., de Versailles, et dénoncée, par le présent acte, audit sieur R....; en conséquence, voir, ordonner que les deniers, dont ladite dame veuve O.... fera déclaration, seront délivrés au requérant, jusqu'à concurrence de ce qui lui est dû, pour les causes de ladite saisie-arrêt en principal, intérêts et frais, à quoi ladite dame O.... sera contrainte, et quoi faisant elle sera déchargée ; et, en outre, procéder à fin de dépens.

» J'ai déclaré que Mᵉ. L...., avoué, occupera pour le requérant, et j'ai laissé copie, tant du présent ajournement, que de l'exploit de saisie-arrêt ci-dessus mentionné, au domicile du sieur R...., en parlant à un homme qui m'a dit être portier de la maison.

» Le coût du présent exploit est de. . . . .
             » *Signé* M...., huissier ».

La taxe de cet acte est la même que celle du précédent. *Ibid, art.* 29.

§. I I I.

Dénonciation au Tiers saisi de la demande en
validité de la Saisie-arrêt, et Assignation au
même pour faire sa déclaration.

Quand la saisie-arrêt est fondée sur un titre
authentique, on fait, par le même exploit, la
dénonciation de la demande en validité, et l'assignation à fin de déclaration. Cependant, nous
allons donner séparément les modèles de l'une
et de l'autre.

Pour faire la dénonciation, on copie d'abord
la demande en validité, comme elle est dans
l'exemple précédent, et, à la suite, on dresse
l'exploit comme il suit :

» L'an mil huit cent cinq, le vingt janvier, à
la requête du sieur Jean B...., marchand de
toile à Meaux, département de Seine-et-Marne,
pour lequel domicile est élu en ma demeure ;
moi, Michel A...., huissier, reçu au tribunal
civil de Versailles, y demeurant, rue du Réservoir, n° 29, j'ai dénoncé, et avec ces présentes
donné copie à la dame veuve O...., demeurant
à Versailles, rue Notre-Dame, n°. 12, de la
demande formée à la requête du requérant, par
exploit de M...., en date du quatorze de ce mois,
contre le sieur R..., négociant à Paris, rue des
Lombards, n°. 40, afin de voir déclarer valable
la saisie-arrêt faite sur ledit sieur R..., entre les

mains de ladite dame veuve O..., pour qu'elle n'ignore du contenu en ladite demande.

» Copie du présent acte et de la demande y dénoncée, a été par moi laissée au domicile de ladite veuve O..., en parlant à une fille qui m'a dit être sa domestique.

» Le coût de la présente dénonciation est de....

Signé A..., huissier ».

La taxe de cet exploit est la même que celle des deux précédens. *Ibid, art.* 29.

L'assignation donnée au tiers saisi, pour qu'il ait à faire la déclaration de ce qu'il doit à la partie saisie, est rédigée en ces termes :

» L'an mil huit cent cinq, le sept mars, à la requête du sieur Jean B..., marchand de toile à Meaux, département de Seine-et-Marne ; moi, Michel A..., huissier reçu au tribunal de première instance de Versailles, y demeurant, rue du Réservoir, n°. 29, j'ai donné assignation à la dame veuve O..., demeurant à Versailles, rue Notre-Dame, n°. 12, à comparaître, dans le délai de huitaine, augmenté d'un jour par trois myriamètres de distance, au tribunal de première instance de Paris ;

» 1°. Pour y faire et affirmer, dans les formes prescrites par la loi, la déclaration de ce qu'elle peut devoir, à quelque titre que ce soit, au sieur R..., négociant, demeurant à Paris, rue des Lombards, n°. 40, sur lequel tout ce qui lui appartient entre les mains de ladite dame O... a été saisi-arrêté, au nom du requérant, par exploit du douze janvier dernier;

» 2°. En cas de non déclaration, pour voir dire que, faute par ladite dame O... d'avoir fait et affirmé la déclaration exigée par la loi, dans le délai fixé; elle sera condamnée, comme débitrice pure et simple, à payer au requérant les causes de ladite saisie-arrêt, en principal, intérêts et frais, et aux dépens.

» J'ai déclaré que M°. L... occupera pour le requérant, et j'ai laissé copie du présent exploit, au domicile de ladite veuve O..., en parlant à une fille qui m'a dit être sa domestique.

» Le coût de la présente assignation est de...»

» *Signé* A..., huissier ».

Cette dénonciation est soumise à la même taxe que les trois précédens exploits. *Ibid.*

§. I V.

Déclaration du Tiers saisi.

» Aujourd'hui, douze mars mil huit cent cinq, est comparu au greffe du tribunal de première instance de Paris la dame Marie D..., veuve de Louis O......, demeurant à Versailles, rue Notre-Dame, n°. 12, assistée de M°. E......, avoué. Elle a dit qu'elle était venue à Paris, aujourd'hui, pour satisfaire à la demande dirigée contre elle par exploit du sept de ce mois, à la requête du sieur B....., marchand de toile à Meaux, et tendant à déclarer et affirmer ce qu'elle peut devoir au sieur R...., négociant à Paris; ladite déclaration étant une suite de la saisie-arrêt faite par ledit sieur B...., le douze janvier dernier, sur le sieur R...., négociant à Paris, entre les mains de la comparante.

» En conséquence, ladite dame veuve O...... a déclaré qu'au jour de ladite saisie-arrêt, comme à présent, elle ne doit au sieur R..... que la somme de trois cents francs, pour le terme, qui échoira au premier du mois prochain, du loyer de la maison occupée par ladite déclarante, en vertu d'un bail passé devant notaires à Paris, le vingt-deux septembre mil huit cent deux. Ce bail, fait pour trois, six ou neuf ans, a commencé au premier janvier mil huit cent trois : le prix annuel est de douze cents francs, payables, par quart, de trois mois en trois mois. Par une clause du même bail, la déclarante a été obligée de payer six cents francs d'avance, imputables sur les derniers six mois ; elle a effectué ce paiement, comme le prouve la quittance du sieur R...., en date du trois janvier mil huit cent trois. La déclarante offre de vider ses mains, tant de ladite somme de trois cents francs que des autres sommes provenant des autres termes de loyers, à mesure qu'ils échoiront, comme il sera ordonné par justice, se réservant de prélever sur lesdites sommes les frais que ladite saisie lui aura occasionnés.

» Pour justifier dès à présent de sa déclaration, la dame O... a déposé au greffe ;

» 1°. L'expédition du bail ci-dessus mentionné ;

» 2°. La quittance de six cents francs par elle payés en avance, comme il est dit ci-dessus.

» Lesdites pièces sont restées annexées à la présente déclaration.

» Lecture faite de la présente déclaration, la comparante a affirmé qu'elle y a dit la vérité.

» Des comparution, déclaration et affirmation de la dame veuve O...., ainsi que du dépôt par elle fait des deux pièces ci-dessus mentionnées, il a été dressé le présent acte, qu'elle a signé avec M⁰. E..., son avoué, et le greffier.

» *Signé* Marie D..., veuve O...; E..., avoué ;
F..., greffier ».

Cette déclaration peut se faire devant le juge de paix du domicile du tiers saisi, quand ce dernier ne demeure pas dans le lieu où siège le tribunal chargé de prononcer sur la validité de la saisie. Dans ce cas, le juge de paix délivre une cédule qui constate la déclaration et l'affirmation. La rédaction en est semblable à l'acte qu'on vient de donner pour exemple. A cette cédule sont jointes les pièces justificatives ; le tout est remis au greffe du tribunal où a été portée la demande en validité de la saisie-arrêt. Un avoué, constitué par le tiers saisi, fait cette remise au greffe, y prend un acte de dépôt, et le fait signifier à l'avoué du saisissant.

Pour la vacation employée par l'avoué qui assiste le tiers saisi au greffe, à l'effet d'y faire la déclaration affirmative, ou qui est fondé de pouvoir spécial pour faire cette déclaration, ou qui est chargé de la remettre au greffe, quand elle a été faite devant le juge de paix, il est alloué,

A Paris, et dans les villes de Lyon, Bordeaux, Rouen et Bruxelles, 6 fr.

Dans les autres villes du second ordre, c'est-à-dire, qui ont une Cour d'appel, ou une population excédant 30,000 ames, un dixième de moins, ci . . . . 5 fr. 40 cent.

Partout ailleurs, 4 fr. 50 cent. *Tarif, art.* 92. *Décret, art.* 2 *et* 3.

Il n'est dû que le papier timbré pour la cédule délivrée par le juge de paix, afin de constater la déclaration affirmative faite devant lui.

Quant aux droits du greffier, tant pour recevoir des actes que pour délivrer des expéditions, ils ne se trouvent point compris dans le tarif, parce qu'ils sont perçus pour le compte du Gouvernement, et réglés par des tarifs particuliers, dont l'exécution est confiée aux agens de la régie de l'enregistrement et des domaines.

Une expédition de la déclaration passée au

greffe, ou une expédition de l'acte de dépôt qui y est fait de la déclaration et des pièces jointes, si elle a été reçue par un juge de paix, est levée par l'avoué du tiers saisi, et signifiée à l'avoué du saisissant. Après avoir copié cette expédition, l'acte est dressé au bas en ces termes :

» A la requête de M⁰. D....., veuve de Louis O...., demeurant à Versailles, tiers saisi et » défendresse en déclaration ;

» Soit signifié à M⁰. L...., avoué du sieur Jean » B...., marchand de toile à Meaux, saisissant et » demandeur en déclaration ;

Que M⁰. E.... est chargé d'occuper pour ladite » dame O...., sur la demande en déclaration » formée contre elle par le sieur Jean-B...., par » exploit du 7 du présent mois.

» Soit en outre signifié audit M⁰. L...., l'acte » ci-dessus transcrit, et servant à prouver que » la déclaration de la dame O...., et les pièces » justificatives y énoncées, sont déposées au » greffe.

» Dont acte, à Paris, ce 15 mars 1805 ».

Signé E..., avoué.

Cet acte de signification est compris parmi ceux de première classe du ministère des avoués ; en conséquence il est taxé pour Paris et les quatre vil es assimilées 1 fr.

Pour les villes du second ordre, un dixième de moins, ci . . . . 90 cent.

Partout ailleurs ; 75 cent.

Pour la copie de cet acte, indépendamment de la copie de la déclaration signifiée, il est attribué le quart de ce qui est taxé pour l'original. *Tarif, art. 70 ; décret, art.* 2 *et* 3.

A l'égard de la copie de la déclaration, elle est taxée comme les copies de pièces, savoir par rôle contenant vingt lignes à la page, et huit ou dix syllabes à la ligne, à Paris, 25 cent.

Dans les villes du second ordre, 23 cent.

Partout ailleurs, 20 cent. *Tarif, art.* 28 ; *décret ibid.*

§ V.

Jugement sur la Saisie-Arrêt.

Si, sur la demande en validité de la saisie-arrêt, la partie saisie ne comparaît pas, il est donné défaut contre elle, par un jugement dont le dispositif est conçu en ces termes :

« Le tribunal donne défaut contre R...., et, pour le profit, déclare la saisie-arrêt dont il s'agit bonne et valable ; en conséquence, ordonne que le tiers saisi videra ses mains, de ce qu'il doit au défaillant, en celles de B...., jusqu'à concurrence des causes de la saisie, en principal, intérêts et frais ; condamne le défaillant aux dépens.

» Jugé, etc. ».

Quand le saisi comparaît, et que la saisie-arrêt

est trouvée valable, le jugement porte la même condamnation, sauf qu'au lieu d'être par défaut, elle est prononcée contradictoirement, en ces termes :

» Le tribunal, sans avoir égard aux moyens de la partie de N....., déclare la saisie-arrêt dont il s'agit, bonne et valable ; en conséquence, ordonne, etc... »

Si le demandeur fait défaut, la partie saisie obtient congé, comme il suit :

» Le tribunal donne défaut contre la partie de L...., et pour le profit donne congé à celle de N...., des demandes formées contre elle ; la décharge en conséquence de la saisie-arrêt dont il s'agit, et condamne le défaillant aux dépens.

» Jugé à Paris, etc. »

La partie saisie est également débarrassée, lorsqu'après une instruction contradictoire, la saisie-arrêt n'est pas trouvée valable ; dans ce cas, le jugement prononce :

» Le tribunal, sans avoir égard a la demande de la partie de L...., dont elle est déboutée, donne à la partie de N...., main levée de la saisie-arrêt dont il s'agit, et condamne celle de L... aux dépens.

» Jugé à Paris, etc. ».

Si le tiers saisi n'a pas fait sa déclaration, dans le délai de l'assignation qui lui a été donnée, et par conséquent s'il ne comparaît pas, défaut est prononcé contre lui en ces termes :

» Le tribunal donne défaut contre la veuve O...., et pour le profit la déclare débitrice pure et simple des causes de la saisie-arrêt dont il s'agit ; en conséquence, la condamne à payer à la partie de L.... la somme de mille huit cents francs que lui doit Noël R...., en vertu d'un jugement du tribunal, en date du quinze décembre dernier ; condamne en outre la défaillante aux dépens.

» Jugé, etc. »

On ne donne ici pour modèle, que le simple dispositif des jugemens ; car il n'entre pas dans notre plan de parler de la rédaction des jugemens ; nous nous bornons à ce qui est relatif aux saisies. C'est pour la même raison que nous ne donnons point, dans ce traité, des formules pour les ajournemens, défenses, requêtes, que peuvent exiger des contestations élevées à l'occasion des saisies. La nécessité de mettre des bornes à ce traité nous force de n'y présenter que les modèles des actes qui sont essentiels aux différentes saisies.

CHAPITRE II.
De la Saisie-Exécution.

Huit articles composent ce chapitre, où on voit ; 1º. ce que c'est que la saisie-exécution, et le commandement qui la précède ; 2°. comment se fait le procès-verbal de saisie - exécution ; 3°. quelles choses ne sont pas sujettes à la saisie-exécution ; 4°. ce qui concerne le gardien ; 5°. les obstacles que le débiteur apporte à la saisie ; 6°. les oppositions formées par des tiers ; 7°. comment se fait la vente des objets saisis ; 8°. des modèles pour la procédure de la saisie-exécution.

ARTICLE PREMIER.

Ce que c'est que la Saisie-exécution et le Commandement qui la précède.

Un premier paragraphe nous dira ce qu'on appelle saisie-exécution ; un second parlera du commandement qui la doit précéder.

§. I.

Ce qu'on appelle Saisie-Exécution.

La saisie-exécution est un exploit par lequel un créancier fait mettre sous la garde de la justice les meubles corporels de son débiteur, les fait vendre ensuite, pour, sur le prix, être payé de ce qui lui est dû.

On voit que la saisie-exécution est dans la classe des saisies mobilières ; et comme son but immédiat est d'exécuter les meubles, ou autrement dit, de les vendre, on la nomme *saisie-exécution.*

Elle diffère de la saisie-arrêt, dont l'effet est

seulement de mettre en sûreté les objets saisis, jusqu'à ce qu'un jugement ait prononcé sur leur sort : par la saisie-exécution, on fait la vente publique des meubles, sans qu'il soit besoin de l'intervention de la justice. Cette dernière espèce de saisie ne frappe que sur des meubles corporels ; car une vente, à l'encan, ne peut pas avoir lieu pour les rentes, par exemple, et autres objets mobiliers incorporels.

De cette différence entre la saisie-arrêt et la saisie-exécution, il résulte que la première n'est qu'une action qu'on exerce pour obtenir la permission d'exécuter, c'est-à-dire, faire vendre les objets arrêtés ; au lieu que l'autre est une contrainte qui opère l'enlèvement et la vente des objets saisis, sans qu'il soit besoin de l'autorité de la justice. Voilà pourquoi celle-ci ne s'exerce qu'en vertu d'un titre exécutoire ; tandis que l'on peut saisir-arrêter avec un titre sous seing-privé, et même sans titre, avec la permission du juge.

§. I I.

Du Commandement.

Un commandement est un exploit fait en vertu d'un titre exécutoire, et par lequel un débiteur est sommé, au nom de la loi, de payer ; le même acte déclare au débiteur que s'il refuse de satisfaire à cet ordre de la justice, ses meubles seront saisis. L'exécution des meubles étant une con-trainte, on doit y apporter tous les ménagemens que la raison permet ; c'est pourquoi, suivant le Code judiciaire, toute saisie-exécution doit être précédée d'un commandement. *Art.* 583.

Cet exploit se donne à la personne ou au domicile du débiteur ; il doit précéder, d'un jour franc au moins, la saisie, et contenir la notification du titre, si déjà ce titre n'a pas été signifié. Par exemple, si on veut saisir-exécuter en vertu d'une obligation passée devant notaire, avec le commandement doit être donnée copie du titre. Mais si on agit en vertu d'un jugement qui a été signifié à personne ou domicile, il suffit de le rappeler dans le commandement. *Ibid.*

Une formalité encore essentiellement exigée par l'*art.* 584, est que le créancier, s'il ne demeure pas dans le lieu où se fait l'exécution, doit y élire domicile, jusqu'à la fin des poursuites, et non pas pour vingt-quatre heures seulement, comme on le faisait autrefois ; la loi a voulu que le débiteur pût facilement, ou se libérer, ou se défendre par des actes signifiés à ce domicile élu.

Observez aussi que des tiers qui auraient des difficultés avec le saisissant relativement à la saisie, pourraient l'assigner à ce domicile élu.

Cependant les significations que le débiteur ferait au domicile réel du créancier seraient valables ; il peut ne pas user d'une faculté qui n'est établie que pour son avantage.

Quest. I. Toute saisie-exécution doit être précédée d'un commandement fait au moins un jour d'avance, suivant l'*art.* 583. Supposons donc qu'un habitant de Versailles soit muni d'un titre-exécutoire, contre un marchand de soie demeurant à Lyon, mais qui possède momentanément des marchandises à Paris. Certainement le créancier a le droit de faire saisir-exécuter les objets appartenans à son débiteur, et qu'il trouve en dépôt à Paris. En conséquence, il fait un commandement au domicile du débiteur, à Lyon, en date du premier mars ; et, pour se conformer à l'*art.* 584, il fait élection de domicile à Paris, où l'exécution doit s'effectuer. On demande s'il pourra procéder à la saisie dès le 3 du même mois, ou bien s'il faudra que le délai d'un jour franc soit augmenté en raison de la distance qu'il y a de Lyon à Paris, conformément à l'*art.* 1033.

Ceux qui veulent que la saisie puisse s'opérer après le délai d'un jour franc, sans augmentation proportionnée à la distance, s'attachent à la lettre de la loi : d'un côté, disent-ils, cette augmentation n'est pas prescrite par l'*art.* 583, et de l'autre, le commandement n'est pas un des actes auxquels s'applique l'*art.* 1033. En effet, il n'y est parlé que des exploits qui accordent, à la partie à qui ils sont signifiés, un délai pour y satisfaire, sous peine de déchéance, tels que les assignations, sommations, et autres semblables.

Pour l'opinion contraire, on dit qu'il est exigé, par l'esprit et la lettre de la loi, que le délai d'un jour entre le commandement et la saisie soit augmenté proportionnellement à la distance. L'élection de domicile, de la part du saisissant, dans le lieu de l'exécution, est ordonnée pour rendre plus facile au débiteur soit le payement, soit les offres, soit tout autre moyen d'éviter la vente de ses effets, parce qu'il est plus ordinaire qu'il demeure dans la commune où il a des objets mobiliers; du moins il y trouve plus aisément des ressources. Afin donc de rendre utile cette précaution, qui est entièrement établie pour le débiteur, il faut nécessairement lui donner le temps de venir sur le lieu de l'exécution, ou d'y envoyer des pouvoirs, lorsqu'il n'y demeure pas; autrement, la disposition, qui prescrit un commandement préalable, serait sans aucun objet, dans les cas semblables à celui de l'exemple proposé.

Quant à la lettre de la loi, elle indique précisément notre interprétation par son *art.* 1033 : on y voit que le délai général fixé pour tous les actes faits à personne ou domicile, doit être augmenté d'un jour par trois myriamètres de distance. Or,

le commandement fixe un délai qui a son utilité :
c'est pour laisser au débiteur le temps de faire un
dernier effort, ou de se pourvoir par opposition
ou appel, s'il y a lieu, avant d'éprouver la rigueur
de la saisie. Ce délai est général ; il s'étend à tous
les cas où le commandement peut être fait : ainsi,
il est compris dans la disposition de l'*art.* 1033.
On ne peut concevoir aucun motif pour lequel
il en serait excepté ; il est, au contraire, aussi
raisonnable que conforme à l'esprit de la loi, de
le mettre au nombre des délais susceptibles de
l'augmentation proportionnelle.

Ainsi, dans l'exemple proposé, le commandement ayant été fait à Lyon, au domicile du
débiteur, en date du premier mars, la saisie des
effets mobiliers qui lui appartiennent à Paris, ne
pourra être faite qu'à l'expiration du délai d'un
jour, augmenté d'autant de jours qu'il y a de
fois trois myriamètres de Paris à Lyon. Cette
distance étant de quarante-six myriamètres et
six kilomètres, l'augmentation sera de seize jours,
et par conséquent, le délai total de dix-sept
jours : la saisie ne pourra donc se faire à Paris
que le 19 du même mois de mars.

Mais, si, dans l'intention de saisir les meubles
de Lyon, le créancier y avait élu domicile, la
saisie, dans cette ville, se ferait sans contredit
après le simple délai d'un jour, sans augmentation. Dans ce cas, au moins, disent les par-

tisans de la première opinion, accordez donc que la saisie des marchandises trouvées à Paris, se fera aussi après le délai d'un jour, sans augmentation. La raison en est que le débiteur a pu se libérer, s'opposer, ou interjetter appel dans le délai d'un jour, en faisant ses significations au domicile élu à Lyon, et que n'ayant pas mis ce délai à profit, la saisie faite, même à Paris, un jour après le commandement, est régulière.

On répond que, pour faire la saisie à Paris, il faut au moins attendre des nouvelles de Lyon, pour savoir si, dans le jour accordé pour délai, le débiteur n'a pas payé, ou n'a pas fait signifier soit des offres, soit une opposision, soit un appel, selon les circonstances ; autrement, on risquerait de faire une saisie après que le débiteur se serait libéré, ou aurait fait signifier un acte dont l'effet serait de suspendre les poursuites. Or, ce temps nécessaire pour que le débiteur puisse envoyer à Paris des nouvelles de Lyon, est précisément cette augmentation de délai réglée par l'*art.* 1033. Donc, les dispositions de ce même article sont applicables, dans tous les cas, au commandement qui précède toute espèce de contrainte.

Quest. II. Lorsqu'il s'agit de saisir les meubles d'une personne qui est hors du continent français, par exemple, pour le service de l'État, comment faire le commandement, et quel intervalle faut-il mettre entre cet exploit et la saisie ?

Il n'y a aucun doute que le débiteur ayant sa demeure connue hors de France, le commandement doive lui être signifié au domicile du procureur impérial, conformément à l'*art.* 69, §. 9.

A l'égard du temps qu'il faut mettre entre le commandement et la saisie, ceux qui, sur la question précédente, ont soutenu qu'il n'y avait aucune augmentation à faire au délai fixé par l'*art.* 583, à raison des distances, ne trouvent dans l'exemple proposé aucun obstacle ; la saisie, suivant eux, pourra commencer après l'espace d'un jour franc.

Au contraire, ceux qui ont regardé le commandement comme une sommation de payer, à peine de saisie, et qui, en conséquence, ont appliqué à cet exploit l'*art.* 1033, disent que le commandement fait à un débiteur qui demeure hors de France, doit entraîner les délais prescrits par l'*art.* 73 ; ils ne voient pas pourquoi ce débiteur serait traité plus défavorablement que ceux qui ont leur domicile en France. S'il en était autrement, aucune des personnes employées au dehors pour le service de l'Etat, ne pourrait laisser en France des effets mobiliers avec sécurité. Pareillement, les étrangers ne voudraient acquérir ni posséder en France aucun objet de cette nature.

Quest. III. Entre le commandement préalable et la saisie-exécution, on ne doit pas laisser un intervalle moins considérable que celui qui est fixé par l'*art.* 583 ; mais cet intervalle peut-il être aussi long qu'il plait au créancier ?

Il y a des personnes qui croyent l'*art.* 674, concernant la saisie immobilière, applicable à la saisie-exécution ; qu'ainsi, lorsque le créancier laisse écouler plus de trois mois depuis le commandement, il est tenu de le réitérer pour être autorisé à faire la saisie-exécution. Elles disent qu'il y a même raison pour l'exécution des meubles que pour l'expropriation d'un immeuble. Le commandement est la menace d'une saisie prochaine ; si elle tarde plus de trois mois, le créancier est censé en avoir abandonné le projet, et avoir accordé un délai indéfini à son débiteur : celui-ci serait traité trop durement, s'il n'était pas prévenu que son créancier n'est plus disposé à attendre ; il est si facile à ce dernier, et si peu coûteux de faire un second commandement !

D'autres pensent qu'à l'égard des saisies, on ne peut pas étendre à l'une ce qui est prescrit pour une autre, d'une espèce différente. Dès qu'après le délai qui doit suivre le commandement il n'est fixé aucun terme pour faire la saisie-exécution, on ne doit pas suppléer à la loi. Le créancier, ayant satisfait à la formalité du commandement préalable, retardera tant qu'il voudra la saisie ; le laps de trente ans, nécessaire à la prescription, peut seul lui en ôter le droit. En ne se pressant pas de poursuivre, bien loin de faire tort au débiteur, il use d'une indulgence favorable à ce dernier, qui ne doit jamais oublier de payer, et qui, ayant reçu un commandement, ne peut plus en exiger un second.

On ajoute, pour ce dernier sentiment, que les considérations qui ont dicté l'*article* 674 sont fondées sur la nature des immeubles; ils sont d'une importance assez grande pour qu'ils ne puissent être attaqués qu'avec la plus grande circonspection. Une saisie immobilière est transcrite au bureau des hypothèques et au greffe du tribunal; elle a des suites fort graves pour le débiteur, à cause de ses créanciers inscrits, dont l'attention est éveillée; il est donc raisonnable qu'on ne puisse pas la commencer avant un nouveau commandement, lorsque les menaces portées par le précédent, sont restées trop long-temps sans être effectuées. Tant de précautions n'ont pas été ordonnées pour la saisie-exécution, parce qu'elle ne frappe que sur des objets mobiliers, et ne produit pas des effets aussi funestes dans la fortune du débiteur. C'est déjà assez d'avoir fait un commandement préalable; il en résulte trop souvent que le débiteur détourne ses effets, ou du moins les plus précieux, pendant le délai qu'il faut observer avant la saisie; s'il n'a pas été possible d'éviter cet inconvénient à cause de la nécessité d'un premier avertissement; on conviendra qu'on n'est pas tenu de s'y exposer une seconde fois, puisque la loi ne l'a pas ordonné.

ARTICLE II.

Du Procès verbal de Saisie-exécution.

L'exploit par lequel un huissier fait une saisie-exécution, se nomme *procès verbal,* parce qu'il contient principalement une description des objets saisis, et un narré des circonstances qui accompagnent son opération.

Nous parlerons, dans trois paragraphes, 1°. des formes du procès verbal, 2°. de la description qui y est faite des objets saisis ; et 3°. de la signification de cet acte.

§ Ier.

Du Procès verbal de Saisie-exécution.

L'huissier est assisté de deux témoins français et majeurs, qui ne doivent être, soit des parties, soit de l'huissier, ni parens ni alliés jusqu'au degré de cousin issu de germain inclusivement, ni leurs domestiques. *Code jud.*, art. 585.

Les noms, professions et demeures des témoins doivent être énoncés au procès verbal, dont l'original et les copies sont signés par eux comme par l'huissier. *Ibid.*

L'ordonnance de 1667 obligeait les huissiers d'appeler deux voisins pour assister à la saisie, ou de faire mention de leur refus ; elle ne par-

lait pas de témoins. Par suite d'un usage cons-
tant, les huissiers en amenaient avec eux.

Le Code, au contraire, a dispensé d'appeler
des voisins, qui ne voulaient presque jamais se
présenter; et il a prescrit, comme nécessaire, la
formalité des témoins que les praticiens nomment
records, du latin *recordans*; il désigne celui qui
rappelle à sa mémoire.

La partie ne peut pas assister à la saisie faite en
son nom ; c'était une disposition de l'ordonnance
de Moulins : les bonnes mœurs l'avaient dictée,
et le nouveau Code l'a conservée. *Art.* 585.

Si la saisie se fait en la demeure ou en la présence du débiteur, le procès verbal commence
par un itératif commandement ; c'est-à-dire,
qu'on l'avertit que, faute par lui de satisfaire au
premier commandement, il va être à l'instant
procédé à la saisie-exécution de ses meubles ;
on conçoit que ce préalable serait inutile si la
saisie se faisait hors de son domicile, à moins
qu'il ne fût présent, puis que l'exécution doit être
commencée incontinent. *Art.* 586.

Du reste, toutes les formalités prescrites pour
les exploits sont observées dans le procès verbal
de la saisie-exécution. *Ibid.*

Il est également nécessaire que le jour, où se
fera la vente des objets saisis, soit indiqué dans
ce procès verbal. *Art.* 595. On verra par la suite

quels délais on est obligé de mettre entre la saisie et la vente.

L'ordonnance de 1667 exigeait que le procès verbal énonçât si la saisie avait été faite avant ou après midi; mais cette mention n'est pas de rigueur, puisque le Code n'y oblige pas. C'est pourtant une chose utile, en cas de concurrence de deux saisies faites le même jour; car celle qui spécifierait l'heure, serait regardée comme antérieure à celle où cette particularité ne serait pas indiquée; par conséquent celle-ci ne vaudrait que comme simple opposition aux deniers de la vente; et le premier saisissant serait seul en droit de poursuivre, comme on le verra par la suite.

§. II

De la désignation des Objets saisis.

Pour constater les objets saisis, il faut les désigner assez en détail, pour qu'on puisse les reconnaître, et pour que des objets de même nature, mais d'une valeur différente, ne puissent leur être substitués. Il ne suffirait donc pas d'écrire au procès verbal, par exemple, une table à manger; on doit désigner de quel bois elle est, quelle est sa longueur et sa largeur; si elle est neuve ou vieille; en bon ou mauvais état. *Art.* 588.

A l'égard des marchandises, on en indique la

qualité et la quantité, après les avoir pesées, mesurées ou jaugées selon leur nature. *Ibid.*

Par conséquent, l'argenterie saisie doit être spécifiée par le nombre et le nom des pièces qui la composent, par l'espèce de poinçon dont elles sont marquées, et enfin par leur poids. *Art.* 589.
Les deniers comptans sont constatés par le nombre et la qualité des espèces. Ils sont ensuite déposés par l'huissier au lieu établi pour les consignations, à moins que le saisissant et la partie saisie, ainsi que les opposans, s'il y en a, ne s'accordent ensemble pour nommer un autre dépositaire. *Art.* 590.

Question. Le procès verbal, suivant l'*art.* 599, doit être fait sans déplacer. On demande si cette expression signifie que l'huissier ne doit pas déplacer les objets qu'il met sous la main de la justice; ou bien s'il faut entendre seulement que l'huissier sera tenu de terminer son procès verbal avant de se déplacer du lieu où se fait la saisie?

On ne peut pas supposer, disent les uns, que la loi ait voulu exprimer une chose inutile : or, à quoi bon dire que le procès verbal sera fait dans le lieu où sont les objets saisis? Peut-il en être autrement, lorsqu'il s'agit de les décrire en détail et par le menu? Sans doute qu'on a voulu défendre de déplacer les meubles saisis, comme cela se pratiquait dans certaines circonstances ; en sorte que les huissiers sont forcés aujourd'hui de laisser les objets saisis où ils les trouvent, jusqu'au moment de les enlever pour la vente.

Ceux qui croient connaître l'intention des rédacteurs de la loi soutiennent qu'il n'est ici question que d'empêcher les huissiers de prendre sur place de simples notes, et de se retirer avec leurs recors, soit dans des cabarets, soit ailleurs, pour y rédiger le procès verbal. C'est précisément parce qu'il est impossible de décrire en détail et par le menu des effets mobiliers, si ce n'est sur le lieu même où ils se trouvent, que les législateurs, pour réprimer l'abus scandaleux, et malheureusement trop fréquent, des rédactions faites de mémoire, ont ordonné un procès verbal écrit sans déplacement. On voit bien que la défense de déplacer ne tombe que sur le procès verbal, et qu'ainsi le sens littéral de cette disposition est, que les huissiers ne peuvent pas se retirer dans un autre lieu pour dresser leur exploit de saisie, même sous prétexte d'y être plus commodément : la justice n'accorde de confiance à leur procès verbal que quand il est fait dans le lieu même où est trouvé chaque objet saisi.

A l'égard de la faculté de déplacer les objets, il n'a rien été statué, de manière que l'huissier doit agir convenablement aux intérêts du créancier et du débiteur. On ne peut pas disconvenir qu'il est des cas où la saisie-exécution de certains effets ne serait d'aucune utilité, s'ils n'étaient pas mis en sûreté dans un autre lieu que celui où ils ont été trouvés. S'il survenait à ce sujet des difficultés, elles seraient levées en référé par le président du tribunal de l'arrondissement. Ainsi, en ne prescrivant rien aux huissiers sur ce point, la loi s'est confiée à la prudence des juges, qui se décident d'après les circonstances.

§. III.

De la Signification de la Saisie.

Quand le procès verbal de la saisie-exécution est terminé, il en doit être fait une copie, pour être remise à l'instant au débiteur, si la saisie est faite dans son domicile. *Art.* 601.

Dans le cas où le débiteur ne se trouve pas présent lors de la saisie faite dans son domicile, la copie du procès verbal est remise au maire ou adjoint qui vise l'original. Observez que cette copie doit être signée par les mêmes personnes qui ont signé l'original ; savoir, par l'huissier, les deux témoins et le gardien : si celui-ci ne sait pas signer, mention en est faite ; à l'égard des témoins, ils doivent savoir et pouvoir signer. *Ibid.*

Lorsqu'on a été obligé d'appeler soit le juge de paix, soit le commissaire de police, soit un officier municipal, pour assister à l'ouverture des portes, dans le cas dont on parlera dans la suite, c'est à celui qui a interposé son autorité, que doit être remise la copie du procès verbal de la saisie faite au domicile du débiteur en son absence. *Ibid.*

Si la saisie se fait hors du domicile du débiteur, et qu'il soit présent, la copie du procès verbal doit lui être remise à l'instant; mais s'il est absent, comme il n'est pas obligé de se trouver dans un lieu qui n'est pas sa demeure, la copie du procès verbal lui est signifiée, à personne ou domicile, dans le jour même, sauf une augmentation d'un jour pour trois myriamètres de distance. Faute de faire la signification dans ce délai, les frais de garde ne seront dus, et le délai pour la vente ne court que du jour de la signification. *Art.* 602.

ARTICLE III.

Des effets qu'on ne peut saisir-exécuter.

Tout meuble corporel, quelque part qu'il soit, pourvu qu'il appartienne au débiteur, et qu'il en ait la libre disposition, peut être saisi-exécuté. D'où il suit qu'un meuble qu'il aurait mis en gage, n'est pas susceptible d'être exécuté. Le créancier en fait seulement la saisie-arrêt, pour empêcher qu'il ne soit détourné, jusqu'à ce qu'il ait été prononcé, par jugement, sur le sort de ce meuble.

Cependant il est des objets mobiliers qui, quoique corporels et en la possession du débiteur à qui ils appartiennent, ne doivent pas être saisis. Nous allons traiter de cette matière dans les paragraphes suivans, où on parlera, 1°. des titres et papiers ; 2°. des effets insaisissables ; 3°. des cas où on peut saisir ces mêmes effets.

§. Ier.

Des Titres et Papiers.

Il est évident que des titres et papiers, quelque utiles qu'ils soient à celui à qui ils appartiennent, ne sont pas susceptibles d'être vendus à l'enchère ; qu'ainsi ils ne peuvent être exécutés. C'est pourquoi on ne les comprend pas sous le nom de meubles et effets susceptibles d'une saisie quelconque ; il faut les laisser en la possession du débiteur, ou de ceux qui le représentent et ouvrent les portes des appartemens, des armoires et des tiroirs.

Mais si le saisi était absent, et qu'il n'eût laissé personne pour ouvrir les portes, ou si la personne par lui chargée refusait les clefs de quelques pièces ou meubles, l'huissier en requerrait l'ouverture dans la forme qui sera expliquée par la suite. Les papiers qui seraient trouvés alors seraient mis sous les scellés, à la réquisition de l'huissier, par le fonctionnaire qu'il auroit appelé pour faire l'ouverture. *Art.* 591.

Cette formalité, comme on peut le sentir, est nécessaire pour que le débiteur absent ne puisse pas se plaindre que ses papiers ont été, distraits. Les scellés seront donc levés, quand il le requerra, par l'officier qui les aura apposés, et sans qu'il soit besoin d'y appeler le saisissant.

§. II.

Quels Objets mobiliers ne sont pas saisissables.

L'intérêt public et l'humanité ont fait mettre à l'abri de toute exécution, sauf en certains cas, divers objets mobiliers qui sont désignés comme il suit dans l'*art.* 592.

1°. Les objets que le Code civil, dans son article 524, a déclarés immeubles par destination.

2°. Le coucher nécessaire des saisis; ceux de leurs enfans vivans avec eux; les habits dont ces mêmes saisis sont vêtus et couverts. Ici, sous le nom de *saisis*, la loi entend parler du mari et de la femme.

3°. Les livres relatifs à la profession du saisi, jusqu'à la somme de trois cents francs; c'est le saisi qui doit choisir, parmi les livres de sa profession, ceux qu'il veut conserver; si, pour leur valeur, il n'est pas d'accord avec le saisissant, il en est référé au juge du lieu où se fait la saisie.

4°. Les machines et instrumens servans à l'enseignement, pratique ou exercice des sciences et arts, jusqu'à concurrence de la même somme. C'est le saisi qui désigne les objets qu'il veut conserver; le prix en est réglé, ou d'accord, ou en référé par le juge du lieu.

5°. Les équipemens militaires, suivant l'ordonnance, et tels que le comporte le grade du saisi.

6°. Les outils des artisans, et qui sont nécessaires à leurs occupations personnelles.

7°. Les farines et menues denrées nécessaires à la consommation du saisi et de sa famille, pendant un mois.

8°. Enfin, une vache, ou trois brebis, ou deux chèvres, avec les pailles, fourrages et grains nécessaires pour la litière et la nourriture de ces animaux, pendant un mois. Le saisi a le droit de désigner celle des vaches qu'il veut conserver; de dire s'il préfère qu'on lui laisse, au lieu d'une vache, trois brebis ou deux chèvres, et de marquer ceux de ces animaux qu'il lui convient de garder.

Question. Souvent, celui qui possède un cabinet de machines et d'instrumens utiles aux sciences qu'il professe, est en même temps propriétaire de livres relatifs à son état. On demande s'il pourra faire excepter de l'exécution, d'abord pour trois cents francs de machines et instrumens, et en outre pour trois cents francs de livres; ce qui porterait l'exemption au total à la valeur de six cents francs ?

Il n'est pas douteux que la loi a rendu insaisissable pour trois cents francs de livres, et pour trois cents francs de machines et instrumens, sans distinguer si ces objets se trouvent en semble dans la possession du saisi : *ubi lex non distinguit, nec nos distinguere debemus.*

§. III.

Des Cas où l'on peut exécuter les objets insaisissables.

Le principe établi dans le paragraphe précédent, et qui déclare insaisissables les objets qui y sont désignés, reçoit exception pour certaines créances privilégiées que détermine l'*art.* 593.

1°. Il n'est aucune sorte de meubles qui ne puisse être exécutée, pour payer le créancier qui a fourni des alimens au saisi.

2°. Le logement étant de première nécessité, presque autant que les alimens, toute espèce de meuble sans exception, peut être exécutée, pour les loyers des lieux destinés à l'habitation personnelle du débiteur.

3°. Un objet insaisissable n'est point exempt d'exécution, pour payer celui qui a fabriqué cet objet, ou qui a prêté de l'argent pour l'acheter, le fabriquer ou le réparer.

4°. Quoique certains objets, qui servent à l'exploitation des manufactures ne puissent être saisis, l'exception cesse quand il s'agit de payer les loyers de ces mêmes objets, ou des lieux dans lesquels ils sont placés.

5°. Il était sans doute intéressant d'exempter de la saisie-exécution les animaux, harnois et ustensiles servans au labour ; mais il n'est pas moins utile que ces mêmes objets puissent être exécutés, afin de payer les sommes dues pour les fermages et les moissons des terres auxquelles ils sont employés.

6°. Pour aucune sorte de créance on ne peut saisir le coucher nécessaire des saisis, ceux de leurs enfans vivans avec eux, ni les habits dont les saisis sont vêtus et couverts. La raison d'humanité pour ces objets l'emporte sur toute autre espèce de considération.

ARTICLE IV.

Du Gardien.

Ce que nous avons à dire concernant le gardien d'une saisie-exécution, se divise en quatre paragraphes. Le premier dira ce que c'est qu'un gardien ; et quelles personnes peuvent l'être ; le second, par qui il est choisi et établi ; le troisième, quelles sont ses obligations ; et le quatrième, quand cessent ses fonctions.

§. Ier.

Qu'est-ce qu'un gardien, et quelles personnes
peuvent l'être.

Un gardien est une personne qui se charge volontairement de veiller à la conservation des effets mis sous main de justice, par la saisie-exécution.

Les objets saisis-exécutés ne seraient pas en sûreté, s'ils restaient à la disposition du débiteur, jusqu'à l'époque où ils peuvent être vendus. Il est donc nécessaire d'en confier la garde à une autre personne capable d'en répondre.

On n'a pas besoin de cette précaution dans la saisie-arrêt, puisque les objets sur lesquels elle frappe sont entre les mains d'un tiers. Au contraire, les choses soumises à la saisie-exécution se trouvent essentiellement en la possession de la partie saisie ; de là vient l'usage d'établir un gardien.

En acceptant la garde d'effets saisis, on contracte une obligation ; on ne doit donc établir gardien qu'une personne qui peut s'obliger. Par conséquent, un mineur, un homme mort civilement, un interdit, sont incapables d'être gardiens. Une femme ne peut le devenir qu'avec l'autorisation de son mari.

Celui qui contracte avec la justice se soumet à la contrainte par corps ; une personne, non sujette à la prise de corps, ne peut donc pas être établie à la garde des meubles saisis, si ce n'est du consentement des parties.

Enfin, pour être établi gardien, la raison veut qu'on ait une solvabilité capable de répondre des objets saisis.

Au reste, quand une personne convient au saisi, sans en examiner la solvabilité, elle peut être établie gardien par le saisissant; si ce dernier avait assez de confiance dans la partie saisie, pour croire qu'elle ne détournera pas les meubles mis sous la main de justice, rien n'empêcherait que la garde ne lui en fût laissée. C'est pourquoi l'*art.* 598 permet non-seulement qu'on puisse établir pour gardien le saisi, mais encore son conjoint, mari ou femme, ses parens, ses alliés, et ses domestiques, s'ils veulent bien accepter cette charge, si le saisissant y consent, et s'ils sont d'ailleurs capables de contracter.

Mais, pour ne pas causer à la partie saisie une trop grande importunité, qui souvent pourrait dégénérer en querelles, le même article défend d'établir gardien, soit le saisissant, soit son conjoint, soit aucun de ses parens ou alliés jusqu'au degré de cousin issu de germain inclusivement, soit quelqu'un de ses domestiques.

Quest. I. Peut-on être forcé à remplir les fonctions de gardien ?

Il est bien rare que cette question se présente; car on trouve presque toujours des personnes qui se chargent de la garde des effets saisis, parce qu'il leur est attribué un salaire. Cependant il peut arriver quelque contestation concernant le gardien établi par l'huissier, soit que celui-ci ait accepté la personne présentée par le débiteur, et qu'elle ne convienne pas au saisissant, soit que l'huissier ait lui-même nommé le gardien, et que le choix s'en trouve contesté par l'une des parties : alors, ces sortes de fonctions n'étant pas ordinairement du goût de personnes solvables, on serait quelquefois fort embarrassé de trouver un gardien, si on n'avait pas le droit de forcer quelqu'un à le devenir.

Il paraît que l'ordonnance de 1667, titre XIX, article 6, avait établi qu'un séquestre nommé par justice ne pouvait pas se dispenser, sans excuses valables, de gérer et administrer le bien qui lui était confié ; autrement, il pouvait y être contraint par amende et par saisie de ses biens. On en concluait que le gardien d'une saisie-exécution était dans le même cas, ses fonctions étant, comme celle du séquestre, une charge publique.

Le Code judiciaire ne s'explique pas sur ce point, qu'il laisse par conséquent à décider d'après les termes de droit. Il y a des personnes qui croient trouver dans l'*article 596* la preuve que la garde des objets saisis n'est pas forcée, parce qu'il y est dit que l'huissier établira un gardien de son choix, si la personne présentée par le débiteur n'accepte pas volontairement et sur le champ. On ne voit pas que cette disposition décide la question. Le gardien offert par le débiteur doit être préféré à tous autres, et s'il n'en présente pas, ou si la personne qu'il désigne n'a pas les qualités requises, ou si elle n'accepte pas sur le champ volontaire-ment, le choix du gardien est déféré à l'huis-sier. Mais, si personne ne veut accepter la garde des effets saisis, peut-on obtenir un ju-gement qui désigne celui qu'on aura droit de contraindre à s'en charger ?

Il est évident que cette question se réduit à savoir si la fonction de gardien peut être consi-dérée comme une charge publique ; car il n'est pas douteux que l'on soit tenu d'accepter ces sortes de charges, à moins qu'on n'ait des excuses valables pour s'en exempter. Ce principe de droit public résulte de ce que l'on ne peut pas jouir des avantages d'une association sans être tenu d'en supporter les désavantages ; d'où il suit que celui qui jouit des droits de citoyen français doit participer aux charges qu'ils imposent, à moins de causes valables pour s'en dispenser.

Maintenant, on demande si la garde d'effets saisis est une charge publique. Les uns soutiennent la négative, et citent Rebuffe en son commen-taire sur les ordonnances, au titre *des Com-missaires et Séquestres*, gloss. 2, n°. 19. Cet auteur s'appuie sur la *L. final. §. Sin autem, cod. de bonis auth. judic. possid.*

D'autres rejètent le sentiment de Rebuffe, qu'ils trouvent d'autant plus déplacé, que le texte même de la loi qu'il voulait éclaircir, au-torisait la saisie des biens de celui qui refusait d'accepter les fonctions de séquestre ; d'où il résultait nécessairement qu'elles n'étaient pas volontaires. Ils opposent à cet auteur l'avis de Coquille sur la coutume de Nivernois, titre IV, article 8 ; et en sa question 22, où il établit que la garde des effets saisis est une charge publique que l'on ne peut refuser que par des excuses valables. A cette autorité on peut ajouter celle de Louet et Brodeau, lettre *S*, chap. XII ; celle de Despeisses, titre *des Exécutions*, sect. 3, n°. 7 ; celle de Tronçon, au Traité du Droit français, Titre XVI, article 350, au mot *Commissaires* ; celle de Mornac, sur la *L. 6, ff. depositi* ; celle de Lalande, en son Commentaire sur la Coutume d'Orléans, art. 466.

Quest. II. Une femme peut-elle être établie à la garde des effets saisis ?

On ne peut pas en douter, si on en croit quelques personnes qui regardent l'*article* 598 comme une décision affirmative ; car il y est dit que le saisi ou son conjoint peut être établi gardien, pourvu qu'il y consente, ainsi que le saisissant.

Cet article, suivant d'autres personnes, ne s'entend que du cas où la saisie est dirigée contre la femme ; alors son conjoint peut devenir gardien s'il y consent, ainsi que le saisissant. Mais vouloir qu'une femme puisse être gardienne des effets saisis sur elle ou sur son mari, quand le saisissant y donne son consentement, c'est aller contre la disposition du Code civil, qui, article 2066, §. 1, défend de prononcer la contrainte par corps contre les femmes, en matière civile, si ce n'est dans le cas où il y a stellionat. Le gardien d'une saisie étant essentiellement contraignable par corps, suivant le Code civil lui-même, en son article 2060, §. 4, il en résulte nécessairement, dit-on, qu'on ne peut confier la garde d'effets saisis à une femme ou à une fille.

Il est facile de concilier sur ce point le Code judiciaire avec le Code civil. En général, lorsque l'huissier établit un gardien de son choix, il ne peut pas s'adresser à une femme ou à une fille, ni à toute autre personne exempte de la contrainte par corps. Mais, lorsque le saisissant consent expressément à confier la garde des effets saisis à une femme, fût-elle le conjoint ou la fille du débiteur, il y a lieu à l'application de l'*art.* 598 du Code judiciaire. Si cette femme ou cette fille est d'ailleurs capable de contracter, si elle est par conséquent majeure, et si la femme en puissance de mari est autorisée par celui-ci, elle pourra, si bon lui semble, accepter la garde qu'on lui offre. Alors, bien entendu, le saisissant ne pourra pas obtenir de condamnation par corps contre cette femme ou fille; mais il n'aura pas à s'en plaindre, puisque c'est volontairement qu'il aura renoncé à l'avantage de cette contrainte, en choisissant pour gardien une personne qui n'y peut pas être soumise.

On ne doit pas dire que la femme ou la fille, qui s'est volontairement engagée à garder des meubles saisis, se soit en même-temps soumise à la contrainte par corps; car, la disposition qui l'en exempte tient à l'ordre public, auquel il n'est pas permis de déroger par des engagemens particuliers. Il est donc plus conforme aux principes, de voir dans le consentement des parties, en cette occasion, une renonciation à la contrainte par corps, laquelle n'est établie que pour leur sûreté réciproque.

§. I I.

Par qui est choisi et établi le Gardien.

Quand le débiteur s'offre pour gardien, ou qu'il présente son conjoint, ou bien un parent ou allié, jusqu'au degré de cousin issu de germain inclusivement, ou enfin un de ses domestiques, l'huissier ne peut pas l'agréer sans le consentement du saisissant.

Mais si une personne, ne tenant au saisi par aucune des qualités dont on vient de parler, était par lui présentée pour gardien, l'huissier ne pourrait la refuser, à moins qu'elle ne fût pas d'une solvabilité suffisante pour répondre des objets saisis, ou qu'elle ne pût sur le champ entrer en fonction, ou qu'elle ne fût pas contraignable par corps : bien entendu que celui qui est présenté par le saisi pour être gardien, doit y consentir. *Art.* 596.

Si donc l'huissier, au nom du saisissant, contestait la solvabilité du gardien présenté par le débiteur, il établirait provisoirement un autre gardien à son choix, et il en serait référé au président du tribunal de l'arrondissement, comme d'un objet qui requiert célérité.

Dans le cas où le saisi ne présente pas de gardien, ou s'il ne présente que des personnes refusées légitimement par l'huissier, au nom du saisissant, cet huissier établit un gardien de son choix. *Art.* 597.

Le procès verbal de saisie doit expliquer comment le choix du gardien a été fait, et mentionner que ce dernier a accepté la charge qui lui a été confiée.

Le titre en vertu duquel doit agir le gardien, est une copie qui lui est laissée du procès verbal de saisie ; il doit en signer la minute, ainsi que la copie qui lui est remise, et celles qu'on peut être dans le cas de laisser au débiteur, s'il est présent, ou, s'il est absent, au maire de la commune. Si le gardien ne savait pas signer, il en serait fait mention. *Art.* 599.

Dans le cas où les animaux et ustensiles, servans à la culture des terres, sont saisis, le juge de paix du lieu, sur la demande du saisissant, et après avoir entendu ou appelé le propriétaire et le saisi, peut établir un gérant, afin que les terres ne restent point sans culture. *Art.* 594.

Ce gérant, chargé de l'exploitation, devient un véritable gardien des choses qui lui sont confiées. *Voyez* donc à ce sujet ce que nous allons dire des obligations du gardien.

Quest. 1. Il est dit, par l'*art.* 594, qu'en cas de saisie d'animaux et ustensiles servans à l'exploitation des terres, le juge de paix pourra établir un gérant à l'exploitation, après avoir entendu les parties intéressées ; on demande si cette disposition peut s'appliquer à une usine, à une manufacture, et en général à tous les cas où la saisie empêcherait l'exploitation d'un établissement utile ?

En matière de saisie, dira-t-on, tout est de rigueur ; la loi n'ayant permis de nommer un gérant qu'à l'exploitation des terres, cette faveur que méritait l'agriculture ne peut pas s'étendre à d'autres cas.

On répond que ce qui est rigoureux en certaines matières, comme les saisies, consiste dans ce qui est autorisé en faveur d'une partie au préjudice de l'autre ; certainement il n'est pas permis d'étendre de pareilles dispositions au-delà des cas pour lesquels elles ont été faites. Mais il n'en est pas ainsi de ce qui est utile à l'une des parties sans nuire à l'autre. La faculté de confier l'exploitation d'une culture à un gérant est de cette nature ; le débiteur en tire avantage, sans que le saisissant y trouve la moindre lésion ; au contraire, il lui est plus convenable que les ressources de son débiteur ne s'anéantissent que le plus tard possible. Voilà les motifs qui ont déterminé l'*art.* 594. Pourquoi ce bienfait ne s'étendrait-il pas dans tous les cas où il peut être pratiqué sans blesser les intérêts d'aucune des parties ? Si la loi ne parle que de l'agriculture, c'est qu'elle a considéré principalement le cas où l'intérêt public réclamait plus particulièrement une pareille disposition. Mais, si une saisie était faite dans un moulin à grains, faudrait-il priver de son secours une commune entière, pendant tout le retard que peut occasionner cette procédure ? Si le chef d'une manufacture était frappé d'une saisie-exécution, ne serait-il pas d'un intérêt assez général de s'arranger de manière que les nombreux ouvriers qu'il occupe ne restassent pas sans travail pendant la durée des contestations élevées pour raison de ces poursuites ? Dans ces différens cas et autres semblables, le moyen d'éviter ces suites trop fâcheuses de là saisie, est de faire nommer un gérant. Cette extension d'une disposition aussi favorable que celle de l'*art.* 594 entraîne d'autant moins d'inconvénient, que le juge de paix ne peut statuer sur ce point qu'après avoir entendu toutes les parties intéressées, même le propriétaire de l'établissement, dans le cas où le débiteur saisi n'est que le fermier.

Quest. II. Quand il y a lieu à faire nommer un gérant, le juge de paix est autorisé à y procéder sur la demande du saisissant; ce sont les termes de l'*art.* 594. La partie saisie, et même le propriétaire de la ferme, ne sont-ils pas également fondés à requérir un gérant, lorsque le poursuivant ne s'en occupe pas ?

Comme l'intérêt est la mesure du droit qu'on a de recourir à la justice, il suffit que la loi ait permis l'établissement d'un gérant dans la saisie de certains objets, pour que toute partie, à qui cette précaution est utile, soit écoutée quand elle la réclame. La loi a indiqué en cette occasion le poursuivant comme demandeur, parce qu'il est naturellement le plus intéressé à l'établissement du gérant ; car, alors il est assuré que les recettes faites pendant l'administration judiciaire ne seront pas détournées à son préjudice; mais il n'en faut pas conclure que le saisissant soit le seul qui puisse requérir un gérant; les autres parties y seraient bien fondées, s'il négligeait d'en former la demande.

Quel inconvénient, par exemple, y a-t-il que le gérant soit établi à la réquisition de la partie saisie, quand le saisissant n'en fait pas la demande? Il n'en résulte aucun préjudice contre ce dernier, qui, au surplus, doit être entendu ou dûment appelé, ainsi que le propriétaire de l'immeuble auquel servent les animaux saisis.

Au reste, c'est au juge de paix à décider si l'établissement d'un gérant est convenable, n'importe par laquelle des parties la demande en est faite.

§. III.

Des Obligations du Gardien.

En acceptant la charge qui lui est imposée, le gardien devient responsable des objets saisis, comme dépositaire judiciaire : par conséquent, il est contraignable par corps. Il est tenu de représenter les objets saisis toutes les fois qu'il en est requis légalement : il doit prendre garde que personne ne les détourne ; il doit les soigner pour qu'ils ne se détériorent pas ; en un mot, il doit veiller de toute manière à leur conservation. En conséquence, il est autorisé à faire les dépenses qu'exigent l'entretien et la sûreté des choses qui lui sont confiées.

Le gardien doit être payé à raison du temps qu'il emploie à remplir ses fonctions. Il a action pour son paiement contre l'huissier qui l'a établi, et contre le saisissant ; sauf le recours de l'huissier contre le saisissant ; et de celui-ci contre la partie saisie.

Le gardien est mis en possession de tous les objets ; en sorte que les clefs des portes des appartemens, armoires et tiroirs, doivent lui être remises. A cet effet, le gardien a le droit de demeurer dans le local où la saisie est faite.

Lorsque la saisie est faite dans le lieu qu'habite le débiteur, on lui laisse ordinairement l'usage des meubles qui ne peuvent être soustraits sans que le gardien s'en apperçoive. A l'égard des objets qu'il serait facile de détourner, comme bijoux, argenterie, le gardien est le maître de les tenir renfermés, ou de prendre telle autre précaution qu'il croira convenable.

La jouissance qui s'accorde quelquefois au débiteur, jamais le gardien ne peut se l'appliquer à lui-même. Il lui est expressément défendu de se servir des choses saisies. Il lui est également défendu de les louer, comme aussi de les prêter à tout autre qu'au débiteur.

Si le gardien contrevient à un seul point de cette défense, il est privé de ses frais de garde, et il est contraignable, par corps, des dommages-intérêts que son infidélité peut avoir occasionnés. *Art.* 603.

Quand les objets saisis sont de nature à produire quelques profits ou revenus, le gardien en doit compte. *Art.* 604.

Par exemple, si la saisie comprend des animaux prêts à mettre bas, des moutons dont il faut faire incessamment la tonte, des orangers dont on ne peut tarder de cueillir la fleur, le gardien doit s'occuper de ces divers soins, et rendre compte ensuite de ce qu'il aura perçu, comme des dépenses qu'il aura faites.

Remarquez que le saisissant est obligé de faire les avances des sommes nécessaires au gardien, qui a le droit de les demander, sinon il peut se faire décharger.

La défense faite au gardien de se servir des effets saisis, ne s'applique pas au gérant dont on a parlé plus haut. Il est établi spécialement pour employer les animaux, et ustensiles saisis, à l'exploitation des terres auxquelles ils sont attachés. Il est donc de son devoir d'en user pour cette fin, de nourrir les animaux, de les faire soigner, et de faire réparer les ustensiles.

A la fin de sa gestion, cette espèce de gardien rendra compte de ce qu'il aura dépensé, et de ce qu'il aura reçu. S'il ne trouve pas sur l'immeuble, où la saisie-exécution est faite, de quoi fournir aux dépenses d'entretien des objets qui lui sont confiés, le saisissant est tenu d'en faire les avances.

Au reste, le gérant ne doit pas détourner les animaux et ustensiles saisis, de l'usage auquel ils sont destinés; autrement, il serait, comme tout autre gardien, puni par la privation de ses frais de garde, et par des dommages-intérêts auxquels il serait contraignable par corps.

§. IV.

Quand cessent les Fonctions du Gardien.

Lorsque le moment de la vente est arrivé, le gardien doit représenter tous les objets saisis, à mesure que l'officier qui fait cette vente les lui demande. Par la remise qui en est faite, et qui est-mentionnée au procès verbal de récolement dont on parlera dans la suite, le gardien est déchargé.

Ses fonctions cessent aussi dès que la main-levée de la saisie est prononcée par un jugement, ou qu'elle est consentie volontairement par le saisissant et les opposans s'il y en a.

Ordinairement, quand le gardien demande à être remplacé, on ne se refuse pas à en nommer un autre. Alors le débiteur peut en présenter un, comme on l'a expliqué au paragraphe second. Mais, s'il est de l'intérêt de l'une ou de l'autre des parties que le gardien reste, celui-ci ne peut être remplacé qu'en cas d'empêchement légitime de sa part.

Il peut aussi demander sa décharge, si la vente n'a pas été faite le jour indiqué au procès verbal de saisie. La raison qui a déterminé cette décision, est que le gardien, en acceptant la charge qui lui est imposée, est censé n'avoir voulu s'engager que jusqu'au jour fixé pour la vente. *Art.* 605.

Si pourtant des obstacles avaient empêché le saisissant de faire la vente au jour indiqué, le gardien serait-il forcé de rester indéfiniment en fonction? Non; dans ce cas, le gardien pourra demander sa décharge deux mois après la saisie, sauf au saisissant à faire établir un autre gardien. *Ibid.*

Toutes les fois que le gardien sera dans le cas de demander sa décharge, il assignera le saisissant et le saisi, en référé, devant le juge du lieu de la saisie. *Art.* 606.

L'assignation en référé n'a rien de particulier; c'est un exploit fait dans la forme de tous les ajournemens, et taxé comme ceux de première classe. *Tarif, art.* 29.

Si la décharge du gardien est accordée, elle ne sera effectuée qu'après qu'il aura été vérifié que les objets saisis existent, et sont remis fidèlement par le gardien sortant, au gardien nouveau. Cette vérification constatée par un procès-verbal d'huissier, fait en présence des parties, où elles dûment appelées, se nomme *récolement. Art.* 606.

La sommation faite aux parties pour être présentes au récolement est comprise parmi les exploits de première classe, pour la taxe. *Tarif, art.* 29.

La décharge du gardien, ainsi opérée, ne le dispense pas de rendre compte, si les objets saisis ont produit quelques profits ou revenus; comme aussi, on doit lui payer les frais de garde, ainsi que ceux qu'il a été obligé de faire pour la conservation des choses qui lui ont été confiées.

Tout ce qui vient d'être dit sur ce qui concerne la décharge du gardien, sur la forme dans laquelle elle doit être demandée et opérée, sur le compte qu'il doit rendre, et les frais de garde qu'on lui doit, s'applique également à celui qui a été établi pour gérer des objets saisis.

ARTICLE V.

Des Obstacles apportés à la Saisie-exécution de la part du Saisi.

On ne parle pas ici des oppositions faites par des tiers; nous en traiterons dans l'article suivant. Celui-ci est consacré uniquement aux obstacles qu'ont coutume d'opposer les parties saisies, et qu'on peut réduire à trois; le refus de porte, les voies de fait et les réclamations du débiteur.

1°. REFUS DE PORTE. L'obstacle le plus ordinaire, que le débiteur oppose à la saisie-exécution, est de refuser l'ouverture des portes de son appartement ou de ses armoires, soit en ne faisant trouver personne pour en présenter les clefs, soit en déclarant lui-même, ou en faisant déclarer par ses préposés, qu'il ne veut pas ouvrir. Dans ce cas, voici la marche qu'on doit suivre :

Une première précaution que l'huissier peut prendre, est d'établir provisoirement, à la porte dont l'ouverture est refusée, un gardien de son choix, afin de prévenir tout détournement des choses que cette porte tient renfermées. *Art.* 587.

Ensuite il se transporte sur le champ, et sans assignation, devant le juge de paix du lieu, ou devant le commissaire de police ; dans les communes où il n'y a ni juge de paix, ni commissaire de police, l'huissier s'adresse au maire ou à l'adjoint. A la vue du titre exécutoire que l'huissier exhibe, l'officier requis se transporte au lieu de l'exécution, pour être présent à l'ouverture qui est faite des portes d'appartemens ou de meubles, au fur et à mesure de la saisie, par les ouvriers que l'huissier appelle à cet effet. *Ibid.*

Pour toutes ces circonstances, il n'est pas fait différens procès verbaux ; la loi veut qu'elles soient énoncées dans le seul procès verbal de saisie qui, alors, est signé par le fonctionnaire dont la présence a été requise. Ce dernier n'a donc rien autre chose à faire que de veiller à ce que l'usage de la force ne soient employées qu'à juste titre, et avec la modération convenable. *Ibid.*

2°. DES VOIES DE FAIT. On vient de voir que, pour vaincre la résistance qu'on oppose à la saisie-exécution, par refus de porte, l'huissier requiert la présence d'un magistrat. C'est aussi avec l'autorisation du même fonctionnaire, que l'huissier peut appeler la force armée, s'il éprouve ou s'il craint des actes de violence, pendant qu'il instrumente. Il se retire pardevant le juge de paix, ou le commissaire de police; dans les communes où il n'y a ni l'un ni l'autre, c'est au maire ou à l'adjoint qu'il s'adresse : une force armée suffisante lui est accordée. Si, pendant qu'il veille à la conservation des objets saisis, le gardien est violenté, ou même s'il est menacé, il en agit de même pour obtenir main forte. Afin qu'aucun événement ne retombe sur lui, il doit aussitôt avertir de sa démarche le saisissant qui, ensuite, pour la sûreté de la saisie, prendra telle mesure légale qu'il croira convenable.

Voyez au surplus ce qui est dit à ce sujet au chapitre préliminaire, article v.

Au surplus, ceux qui, par voies de fait, empêcheraient l'établissement d'un gardien, ou bien qui enlèveraient ou détourneraient des effets saisis, seraient poursuivis conformément au Code criminel. *Art.* 600.

3°. DES RÉCLAMATIONS DU SAISI. Souvent le saisi,

outre le refus de porte, déclare qu'il s'oppose à la saisie-exécution pour des motifs qu'il déduit ou qu'il se réserve d'expliquer quand il en sera besoin. On était dans l'usage de suspendre l'opération, pour aller en référé sur pareille opposition. Maintenant, aucune réclamation de la part du débiteur ne peut empêcher l'achèvement de la saisie ; c'est seulement après la clôture du procès verbal, dans lequel les dires et réquisitions du saisi sont mentionnés, que, pour y statuer, on se pourvoit en référé. *Art.* 607.

ARTICLE VI.

Des Oppositions de la part des Tiers.

Dans trois paragraphes nous parlerons, d'abord des oppositions qui ont pour but d'empêcher la vente ; ensuite de celles qui ne frappent que sur le prix des objets vendus ; enfin, du cas où plusieurs saisies sont faites sur les mêmes objets.

§. Ier.

Des Oppositions à la Vente.

Puisqu'il est de principe que l'on ne doit saisir-exécuter que des objets appartenans au débiteur, peut-on s'opposer à ce que les meubles qui ne sont pas à lui, soient compris dans la saisie ? Non : aucune opposition n'a l'effet de suspendre une saisie, ni d'empêcher que les meubles réclamés par un tiers n'y soient compris. Mais là vente en est suspendue jusqu'à ce qu'il ait été statué sur la réclamation.

En conséquence, celui qui se prétend propriétaire des objets saisis, ou seulement d'une partie, doit signifier au gardien, par exploit, l'opposition à la vente des effets qu'il désigne en détail. *Art.* 608.

Cette opposition doit être dénoncée, par l'opposant, au saisissant et à la partie saisie; elle doit contenir assignation libellée, c'est-à-dire, que les moyens de la demande y sont déduits, et que les titres de propriété y sont énoncés; le tout est prescrit à peine de nullité. *Ibid.*

Le saisissant et le saisi sont assignés, par la dénonciation de l'opposition, devant le tribunal du lieu de la saisie, qui juge comme en matière sommaire. *Ibid.*

Il est toujours temps de réclamer la propriété des objets compris mal-à-propos dans une saisie, tant que la vente n'en est pas consommée. Si donc l'opposition de celui qui revendique est signifiée au moment où les effets sont mis en vente, ils seront mis de côté, jusqu'à ce qu'il ait été statué sur la question de propriété.

Comme le retard apporté par l'effet d'une revendication peut causer du tort aux parties, celui qui succombe dans sa réclamation est tenu des dommages-intérêts. *Art.* 608.

Quest. I. Dans le cas où il y a des opposans au prix de la vente, ils ont intérêt à ce que leur gage ne soit pas diminué, et par conséquent à contester la réclamation de celui qui s'est opposé à la vente même ; faudra-t-il donc les appeler dans l'instance ? c'était autrefois l'usage ; mais il devenait très-dispendieux. La loi n'en a pas parlé ; il en faut conclure que l'on ne doit pas appeler les opposans au prix de la vente.

Quest. II. Celui qui est propriétaire des effets ou de partie des effets saisis peut les réclamer et en empêcher la vente, en procédant conformément à l'*article* 608 ; mais, s'il arrive à temps, peut-il s'opposer à ce qu'ils soient saisis ?

Il est bien décidé, par l'*article* 607, que les réclamations de la partie saisie ne doivent point suspendre l'opération de l'huissier, sauf à faire statuer sans retard, en référé, sur ces mêmes réclamations ; mais il n'est pas parlé, dans ce même article, du cas où il s'agit d'une revendication. Un propriétaire a toujours le droit d'empêcher qu'il soit porté la moindre atteinte à ce qui lui appartient. En conséquence, dès qu'il présente à l'huissier un titre légal d'où il résulte que les meubles réclamés n'appartiennent pas à la partie poursuivie ; cet officier, dit-on, ne peut pas saisir ces mêmes objets. La mission qu'il a reçue est de confier à un gardien judiciaire les meubles du débiteur, même quand celui-ci réclamerait, sauf à faire statuer en référé sur les difficultés qu'il opposerait; mais, en ce qui concerne la propriété d'un tiers, tout respect y est dû par la partie qui n'y a aucun droit; donc l'huissier qui agit à la requête de cette partie ne peut pas continuer la saisie, jusqu'à ce qu'il ait été autorisé, au moins provisoirement en référé.

On répond que la saisie, par elle-même, tant qu'elle n'est pas suivie de la vente ou du déplacement des objets, ne cause aucun préjudice au véritable propriétaire. Après le procès verbal de saisie, on peut donc utilement former la demande en revendication; en sorte que l'huissier semble devoir être obligé d'achever son opération; elle est la sûreté du poursuivant, sans nuire aux droits du réclamant.

Cette opinion paraît conforme à la disposition de l'*art.* 608, qui permet au propriétaire des effets de s'opposer, non pas à la saisie, mais à la vente. Sa demande en revendication est un exploit signifié au gardien, au saisissant et au saisi; ce qui suppose que les meubles réclamés sont toujours dans le cas d'être compris au procès verbal de l'huissier.

Suivant les partisans de la première opinion, l'*art.* 608 décide ce qu'il faut faire lorsque la réclamation du propriétaire des meubles survient après la saisie; mais la question dont il s'agit consiste à savoir si l'huissier peut procéder à la saisie

quand la réclamation du propriétaire est antérieure à son opération ; s'il peut saisir des meubles
par la seule raison qu'ils lui sont indiqués comme
appartenans au débiteur, et sans écouter les réclamations contraires à cette indication. On ne
peut pas disconvenir qu'un huissier n'est jamais
autorisé à violer la propriété d'une personne,
sous prétexte d'une saisie à faire contre une autre;
mais aussi il doit prendre garde de compromettre
les intérêts du poursuivant, en cédant à une réclamation qui peut être simulée, et dont il n'a
pas le droit d'apprécier le mérite.

De là on doit conclure que les circonstances
seules peuvent diriger la conduite d'un huissier; il
serait responsable si, par une négligence ou une
crédulité grossière, il avait laissé échapper le
gage du saisissant: et pareillement, il serait répré-
hensible, si, n'écoutant aucune bienséance, aucune vraisemblance, il se permettait une saisie
évidemment téméraire.

§. II.

Des oppositions sur le prix de la vente.

La revendication des effets saisis peut seule en
suspendre la vente. Toute autre espèce de réclamation, à quelque titre que ce soit, même pour
loyers, ne peut retarder la vente, et ne frappe
que sur le prix qui en provient. *Art.* 609.

Pour que l'opposition formée par un créancier

quelconque de la partie saisie, soit valable, il faut la signifier par exploit au saisissant et à l'huissier, ou autre officier chargé de la vente ; les causes de l'opposition doivent être énoncées ; et, si l'opposant ne demeure pas dans le lieu de la saisie, il doit y faire élection de domicile : toutes ces formalités sont exigées à peine de nullité de l'opposition ; et l'huissier, par la faute duquel l'exploit se trouve nul, est tenu des dommages-intérêts dus à l'opposant, dont il a mal rempli les intentions. *Ibid.*

Cette opposition ne doit donner lieu à aucune autre procédure ; ni de la part de l'opposant, ni de celle du saisissant, jusqu'à la distribution des deniers, seule époque où les causes de l'opposition seront discutées. *Art.* 610.

Néanmoins, cette défense de procéder sur l'opposition d'un créancier, ne s'étend pas aux poursuites qu'il a droit de continuer ou de commencer contre le débiteur saisi, pour obtenir une condamnation : la discussion entre le créancier opposant et son débiteur, est étrangère à la procédure relative à la saisie qui n'en est nullement ralentie. *Ibid.*

§. III.

Concurrence des Saisies, Subrogation.

Tous les praticiens connaissent cette maxime : *Saisie sur Saisie ne vaut.* En effet, des objets qui sont déjà confiés à un gardien judiciaire, ne sont plus en la possession du débiteur ; par conséquent, on ne peut plus les soumettre à une nouvelle saisie. *Art.* 611.

Les poursuites du premier saisissant servent à tous les autres créanciers ; il suffit donc à leur intérêt qu'ils forment opposition sur le prix de la vente : il serait aussi inutile qu'embarrassant que la procédure qui conduit à la vente, fût faite par plusieurs créanciers à la fois.

Il est bien certain que l'huissier qui trouve une saisie déjà faite, et un gardien établi, ne peut saisir de nouveau. Mais, s'il est muni d'un titre exécutoire, il est en droit de procéder au récolement des effets saisis ; c'est-à-dire de vérifier si tous les effets énoncés au procès verbal de saisie sont existans, et si tous les meubles appartenans au débiteur y sont compris. Le gardien, lors de cette opération, est tenu de représenter les objets qui ont été mis sous sa surveillance. *Article* 611.

Dans le cas où le récolement ferait connaître des effets qui ne seraient pas encore sous la main de justice, l'huissier venu le second pourrait les saisir : son procès verbal ne serait pas regardé comme une seconde saisie, mais comme une continuation de la première ; il confierait la garde de ces nouveaux objets au gardien déjà établi. Il ferait signifier son procès verbal au débiteur saisi. Dans tous les cas, soit qu'il ait ou non trouvé matière à un supplément de saisie, le second créancier, par son procès verbal de récolement fait une sommation au premier saisissant, afin de vendre le tout dans la huitaine, même les objets saisis subsidiairement. Alors, le procès verbal de récolement équivaut à une simple opposition sur les deniers de la vente : il doit donc en avoir les formes ; c'est-à-dire, être signifié au saisissant et à l'officier chargé de la vente ; énoncer les causes de l'opposition ; et contenir élection de domicile dans le lieu de la saisie : le tout sous peine de nullité et de dommages-intérêts contre l'huissier qui n'a pas instrumenté régulièrement. Le récolement n'est signifié au débiteur que quand ce procès verbal contient des objets qui avaient été omis dans la saisie.

Faute par le saisissant de faire la vente dans la huitaine, le créancier qui a fait le récolement et la sommation, peut continuer lui-même la poursuite.

En général, quand le saisissant ne fait pas vendre dans le délai prescrit, dont on parlera bientôt, tout créancier opposant, ayant titre exécutoire peut devenir poursuivant, sans qu'il soit besoin d'une demande en subrogation. Pour y parvenir, il fait au saisissant une sommation de vendre sans le moindre retard ; si ce dernier ne satisfait pas à cette sommation, l'opposant fait procéder au récolement, sur la copie du procès verbal de saisie que le gardien est tenu de représenter ; et de suite il fait vendre. *Art.* 612.

Autrefois, le simple opposant avait bien le droit de devenir poursuivant ; mais il était nécessaire qu'il demandât à être subrogé au lieu et place du saisissant, et qu'un jugement l'eût ordonné ; ce qui entraînait dans les longeurs d'une instance. Maintenant cette demande en subrogation ne se fait plus, et la loi subroge de plein droit à la qualité de saisissant, l'opposant qui, après la sommation préalable, fait procéder au récolement.

Si plusieurs opposans avaient satisfait à cette formalité, la préférence appartiendrait à celui qui le premier aurait achevé son récolement.

Quest. Si le saisissant ne fait pas vendre dans le délai fixé, tout créancier opposant muni d'un titre exécutoire peut se charger de la poursuite, sans qu'il soit besoin de demande en subrogation ; l'*art.* 612 exige seulement qu'une sommation préalable soit faite au saisissant. On demande quel délai il faut lui accorder par cette sommation, car elle sert à le mettre en demeure de procéder à la vente ; or, pour le sommer de vendre, il faut nécessairement lui donner un délai après lequel, s'il n'agit pas, on s'empare de la poursuite, en procédant au récolement, et de suite à la vente.

Il est certain qu'il y aurait une contradiction si, en même temps qu'un opposant fait sommer le poursuivant de s'occuper de la vente, il y procédait de son côté. La sommation ordonnée suppose sans doute un délai, à l'expiration duquel la subrogation s'opère de plein droit; mais aussi, en ne fixant pas ce délai, la loi l'a laissé à la volonté du créancier qui fait la sommation, et qui peut n'accorder que le terme le plus court, celui de vingt-quatre heures, par exemple. Les poursuites ne doivent éprouver aucun retard; les délais de la loi étant expirés, les opposans ne doivent pas souffrir des lenteurs du poursuivant.

ARTICLE VII.

De la Vente des Objets saisis.

Le but d'une saisie-exécution est la vente des effets mis sous la main de justice.

Quand la saisie-arrêt frappe sur des meubles, on veut aussi parvenir à les faire vendre ; mais il faut qu'un jugement l'ait ensuite ordonné : en sorte que c'est en vertu du jugement que la vente est faite. A l'égard de la saisie-exécution, elle porte avec elle contrainte, et tend directement à la vente des meubles, sans qu'il soit besoin de la faire autoriser par jugement.

De là vient que l'une peut se faire en vertu d'un titre quelconque, fût-ce un acte sous seing-privé, et même sans titre, avec la permission du juge ; tandis qu'il faut nécessairement un titre exécutoire, pour saisir-exécuter.

Ainsi, quand la saisie-exécution est terminée, que le gardien est établi, que le procès verbal est signifié à la partie saisie, qu'enfin le délai de huitaine au moins s'est écoulé depuis cette signification, le saisissant peut procéder à la vente. Il le doit même, quand il y a des créanciers opposans ; sinon, il risque de voir, en son lieu et place, le plus diligent de ceux-ci devenir poursuivant, comme on l'a dit plus haut.

Pour procéder à la vente, il est des formalités nécessaires à observer, et que nous allons expliquer dans les cinq paragraphes suivans. Le premier dira dans quel délai et en présence de qui se fait la vente ; le second parlera des placards et annonces ; le troisième, du récolement ; le quatrième, du lieu, du jour et de l'heure de la vente ; enfin le cinquième, du procès verbal de vente.

§. Ier.

Dans quel délai et en présence de qui la Vente
doit être faite.

La vente des objets saisis-exécutés ne peut avoir lieu que huit jours francs au moins, après que le procès verbal de saisie a été signifié au débiteur. *Art.* 613.

Il arrive souvent que la vente ne se fait pas

précisément le jour indiqué, soit parce que les placards et le récolement n'ont pu être faits pendant le délai qu'on avait fixé par le procès verbal de saisie, soit parce que d'autres circonstances ont occasionné du retard. Alors il faut que le débiteur soit averti du nouveau jour pris pour faire la vente. *Art.* 614.

Pareillement, si la vente ne se fesait pas à la seconde époque indiquée, il faudrait que le jour fixé une troisième fois fût également signifié au débiteur; on en agirait ainsi à chaque retard qu'éprouverait la vente.

Le débiteur a un grand intérêt de connaître le jour où ses meubles seront vendus, afin d'y être présent si bon lui semble, et d'y faire trouver des enchérisseurs.

L'avertissement dont il s'agit, est une espèce d'ajournement qui se donne par exploit à la personne ou au domicile du débiteur. On doit laisser, entre cette signification et le jour de la vente, un intervalle d'un jour franc au moins, et un jour pour trois myriamètres de la distance qu'il y a du domicile du débiteur au lieu où les effets doivent être vendus. *Art.* 614.

C'est au saisissant, ou au créancier opposant qui lui est subrogé, à faire cette signification au débiteur. A l'égard des autres opposans, il était d'usage de les sommer d'être présens à la vente; mais c'est aujourdhui une formalité abrogée : il est expressément défendu de les appeler ; ils sont suffisamment avertis de la vente par les annonces et les placards. *Art.* 615.

Quest. I. Suivant l'*art.* 602, la notification du procès verbal de saisie doit être faite au débiteur ; et suivant l'*art.* 613, la vente ne peut se faire que huitaine au plutôt, après cette notification. On demande si cette huitaine est susceptible de l'augmentation prescrite par l'*art.* 1033, et proportionnée à la distance qu'il y a de la demeure du débiteur au lieu où se doit faire la vente.

Il n'est pas douteux que l'intention de la loi ne soit de donner au débiteur la faculté de se trouver à la vente. On voit en effet que le procès verbal de vente, suivant l'*art.* 623, doit constater la présence ou le défaut de comparution de la partie saisie. D'un autre côté, il est dit, par l'*art.* 614, que si la vente ne se fait pas au jour indiqué par le procès verbal de saisie, le débiteur sera appelé par un nouvel exploit, et qu'on lui accordera un délai d'un jour, avec augmentation proportionnée à la distance de son domicile au lieu où se fera la vente.

De là il suit évidemment que le jour de la vente, dans le procès verbal de saisie, doit être fixé de manière que le débiteur, à compter du jour où la signification lui en est faite, jusqu'au jour de la vente, jouisse d'un délai entier de huitaine, pour faire usage de ses dernières ressources; et, en outre, d'un jour par trois my-riamètres, pour franchir la distance qui sépare son domicile du lieu où ses effets doivent être vendus.

Quest. II. Supposons que le débiteur demeure hors du continent français, quelle augmentation faudra-t-il faire aux délais fixés par les *art.* 613 et 614, pour effectuer la vente ?

On a vu dans la question précédente que l'intention de la loi est que le débiteur soit présent à la vente de son mobilier : si ce débiteur était, par exemple, employé pour le service de l'Etat dans un pays étranger, serait-il juste de le priver du délai nécessaire pour apprendre les poursuites qui sont faites contre lui, et pour y porter remède ?

En considérant la notification du procès verbal de la saisie, comme un véritable ajournement donné au débiteur, à l'effet de comparaître pour être présent à la vente, il semble naturel de penser que, pour cet exploit, il faille suivre la forme prescrite par l'*art.* 69, §. 9, et les délais fixés par l'*art.* 73, concernant les ajournemens ordinaires.

En conséquence, la signification doit être portée au domicile du procureur impérial près du tribunal à qui appartient la connaissance du titre qu'il s'agit d'exécuter. Ce magistrat vise l'original de l'exploit, et en envoie la copie, soit au ministre de la marine, soit à celui des relations extérieures, selon que le débiteur est au delà des mers ou sur le continent. Le délai qu'il faut accorder au débiteur, afin qu'il ait le temps de venir ou d'envoyer un mandat, soit pour assister à la vente, soit pour employer ses dernières ressources à l'effet de se libérer, est nécessairement celui de deux, de quatre, de six ou de douze mois, selon le pays qu'il habite.

Un si grand retard effraye quelques personnes : en adoptant, disent-elles, les formes et les délais des ajournemens pour toutes les sommations faites par exploit à des personnes demeurant hors de France, on emploiera un temps considérable à terminer une saisie mobilière. D'abord, il faudra un commandement qui, dans ce système, entraînera un délai de plusieurs mois avant qu'on puisse commencer la saisie. La notification du procès-verbal occasionnera ensuite un semblable délai de plusieurs mois avant de procéder à la vente; et si quelque événement, qu'il est toujours facile aux plaideurs d'occasionner, ne permet pas de faire la vente le jour indiqué, il faudra une nouvelle assignation, et par consé-quent, un autre délai de plusieurs mois encore : pour peu que l'époque de la vente soit retardée plusieurs fois, ce qui n'est pas rare, on conçoit que les frais qu'on a voulu éviter s'accumuleront énormément.

On répond que le premier besoin de la loi est d'être juste, de n'avoir pas deux poids et deux mesures, de traiter les débiteurs qui demeurent à l'étranger aussi favorablement que ceux qui sont en France. Si elle donne à ceux-ci le temps d'user de ressource, depuis le commandement jusqu'à la saisie, et le temps de venir ou d'envoyer des pouvoirs pour le jour de la vente, elle ne peut pas se dispenser d'avoir les mêmes égards pour les débiteurs qui sont hors du continent français.

Les inconvéniens de la lenteur des procédures et de l'augmentation des frais ne se présentent qu'en second ordre ; il faut les supporter, puisqu'il n'y a pas moyen de les éviter sans faire une injustice. Toute saisie n'est pas fondée sur un titre inattaquable, il faut qu'on puisse s'en défendre. Si on pouvait vendre les objets mobiliers de ceux qui sont hors de France, sans leur donner le temps convenable pour éviter cette rigueur, on ne pourrait pas, en acceptant une mission du gouvernement hors de l'empire, conserver de sécurité pour les effets qu'on ne voudrait pas emporter avec soi. Les étrangers eux-mêmes ne regarderaient-ils pas comme un malheur de posséder quelques biens en France ?

Quest. III. Il n'est pas permis de faire la vente des meubles saisis avant les délais accordés au débiteur pour s'y trouver, et qui sont fixés par les *art.* 613 et 614. Mais quand la vente n'a pas eu lieu le jour indiqué, peut-on la différer indéfiniment; et quelque date ancienne qu'ait la saisie, est-il toujours temps de provoquer la vente?

Cette question ressemble à celle où, dans l'article I de ce titre, on examine si l'intervalle qui sépare le commandement et la saisie-exécution peut être aussi long qu'il plait au créancier. La loi a fixé le tems qu'il doit y avoir au moins entre le commandement et la saisie, pareillement elle a déterminé qu'il ne pouvait pas y avoir moins de huit jours entre la notification de la saisie et la vente; mais, ni dans l'un ni dans l'autre cas, elle n'a limité un temps après lequel on ne puisse plus saisir sans recommencer le commandement, ni procéder à la vente sans saisir de nouveau.

Cependant, pour la saisie immobilière, la même latitude n'est point laissée au poursuivant; d'où quelques personnes concluent qu'il est également nécessaire de déterminer un terme après lequel celui qui a saisi les meubles, n'est plus autorisé à les faire vendre, s'il ne recommence pas le commandement. Quand il a laissé long-temps des poursuites de ce genre sans effets, n'est-il pas à présumer qu'il les a abandonnées? Le débiteur a pu raisonnablement croire que son créancier usait d'indulgence envers lui; et il serait trop dur de permettre que, tout à coup et sans le prévenir, ou vînt enlever ses meubles. Ceux qui pensent ainsi sont néanmoins embarrassés de désigner un terme convenable, puisque la loi n'en fixe aucun.

On leur répond que ce qui est réglé pour la saisie immobilière ne peut pas s'étendre aux saisies purement mobilières, parce qu'il est d'une importance bien plus considérable de ne pas laisser languir les poursuites qui affectent les immeubles, que celles qui ont des meubles pour objet. Si donc, lorsque la vente d'effets saisis n'a pas pu s'opérer le jour indiqué, il est permis au créancier de la différer autant qu'il lui plaît, c'est qu'il n'y a pas d'inconvénient. Le débiteur, d'une part, est averti qu'on peut à chaque instant venir enlever ses meubles ; c'est à lui à faire tous ses efforts pour éviter ce malheur ; chaque jour de délai est un bienfait qu'il doit mettre à profit.

Au surplus, il n'est pas à craindre qu'au moment où il y pensera le moins ses meubles lui soient enlevés sans en avoir été averti ; car, selon l'*art.* 614, quand la vente n'est pas faite au jour indiqué, le débiteur doit être appelé de nouveau, par exploit, avec un intervalle d'un jour, auquel on ajoute l'augmentation légale, en raison de la distance de son domicile au lieu où la vente doit se faire.

Au reste, si le créancier avait donné lieu de présumer qu'il a abandonné les poursuites commencées ; par exemple , si , sans aucun motif , il avait manqué de faire la vente au jour indiqué , ou s'il avait retiré le gardien , ou s'il avait accordé un nouveau délai au débiteur , les juges , si le débiteur réclamait , pourraient défendre de procéder à la vente , si ce n'est après un nouveau commandement et une nouvelle saisie. La loi , ne déterminant rien à cet égard , laisse à leur prudence à prononcer , selon les règles du droit et d'après les circonstances.

§. I I.

Des Placards et Annonces.

Un placard est un papier écrit à la main, ou imprimé , et qu'on affiche dans les carrefours , et autres lieux , pour annoncer au public ce qu'on veut lui faire savoir.

L'ordonnance de 1667 n'obligeait pas à publier, par des placards, la vente du mobilier saisi ; mais l'utilité de cette précaution est si évidente , qu'on était dans l'usage de la pratiquer. Le nouveau Code en a fait une formalité nécessaire. *Art.* 617.

Les placards indiquent le lieu, le jour et l'heure de la vente, ainsi que la nature des objets à vendre, sans détail particulier. *Art.* 618.

Pour le nombre des placards, le temps , et les places où on doit les attacher , il faut se conformer à *l'art.* 617 , suivant lequel la vente doit être annoncée un jour d'avance, par quatre placards au moins, qui sont posés, savoir : un au lieu où sont les effets saisis ; un autre, à la porte de la maison commune ; un troisième, à la porte de l'auditoire de la justice de paix ; enfin un quatrième, au marché du pays ; et s'il n'y en a pas, au marché voisin.

Ces quatre placards suffisent quand la vente se fait dans le marché du pays où sont les effets saisis, ou bien dans l'endroit même où ils se trouvent ; mais si, avec la permission des juges, les effets étaient transportés ailleurs, pour être plus avantageusement vendus, il faudrait apposer un cinquième placard dans le lieu où se devrait faire la vente. *Ibid.*

On constate l'apposition des placards, par un procès verbal, auquel l'huissier, qui le dresse, annexe un exemplaire du placard. On voit par là que la copie de ce procès verbal ne doit pas être insérée dans les placards. *Art.* 619.

En exigeant que la vente soit rendue publique par au moins quatre ou cinq placards, comme on vient de le dire, la loi permet donc d'en afficher un plus grand nombre ; ainsi, il en sera passé en taxe la quantité qui sera jugée convenable, eu égard à l'importance des objets vendus.

Une autre manière de donner de la publicité à la vente des meubles saisis, est d'en faire l'annonce dans les journaux. C'est une précaution que l'on était presque toujours dans l'usage de prendre sans y être forcé ; le Code aujourdhui exige que cette manière d'annoncer les ventes, faites par exécution-judiciaire, soit pratiquée dans les villes où il s'imprime des journaux propres à ces sortes d'annonces. *Art.* 617.

On constate l'insertion faite dans un journal, en rapportant un des exemplaires de la feuille, muni de la signature de l'imprimeur du journal : cette signature doit être légalisée par le maire de la commune où demeure l'imprimeur. C'est ce que dit l'art. 683, pour les immeubles ; il est applicable à la vente des meubles.

La loi ne dit pas que le procès verbal d'apposition des placards sera signifié à la partie saisie : cette formalité ne doit donc pas être pratiquée. En effet elle n'est pas nécessaire, puisque le saisi a été averti, par exploit, du lieu, du jour et de l'heure de la vente.

Question. Quand la vente ne se fait pas le jour indiqué par le procès verbal de saisie, il faut que le débiteur soit prévenu du nouveau jour fixé ; à cet effet on lui fait une sommation de s'y trouver : on demande aussi s'il est nécessaire d'annoncer cette vente par de nouveaux placards, et par une nouvelle insertion au journal.

La raison de douter est que la loi ne le dit pas. Mais ce qui décide, est que les placards et le journal doivent indiquer le lieu, le jour et l'heure de la vente ; il est évident que les premiers placards et annonces ne sont plus utiles, lorsque la vente est retardée ; il faut donc les recommencer pour attirer les acheteurs.

§. III.

Du Récolement.

Quand un gardien a obtenu sa décharge, elle est effectuée par la vérification des effets dont la conservation lui a été confiée, comme on l'a vu dans l'article IV., §. IV. Pareillement, lorsqu'un huissier se présente pour saisir des effets qui sont déjà sous la main de justice, il ne peut que vérifier sur le procès-verbal de saisie, lequel est représenté par le gardien, ainsi qu'on l'a dit dans l'article VI, §. III.

Avant de faire la vente, l'officier qui en est chargé doit aussi vérifier si les effets qu'il va déplacer sont les mêmes que ceux qui ont été saisis, et s'il n'en manque point : cette opération se nomme *récolement*. Elle se fait en appelant, article par article, tous les objets mentionnés au procès-verbal de saisie ; le gardien est tenu de les représenter. Il est responsable par corps, des effets qui ne se trouvent plus, si c'est par sa faute qu'ils ont été perdus, enlevés ou détériorés. L'officier chargé de la vente n'est responsable que des objets dont il a vérifié l'existence. Le procès-verbal de récolement ne doit pas faire la description des objets qui sont représentés; il énonce seulement qu'ils ont été trouvés tels qu'ils avaient été confiés au gardien. S'il y a des objets de manque ou détériorés, ce sont ceux-là seuls qu'il lui est permis de désigner en détail, comme ils le sont dans l'exploit de saisie. *Art.* 646.

Question. Lors du récolement, l'huissier doit-il être assisté de deux témoins, comme lors du procès-verbal de saisie? La loi n'en dit rien; on avait d'abord pensé que cette formalité ne doit pas avoir lieu. Mais, le tarif des frais et dépens, ayant compris le salaire des témoins dans la taxe du procès verbal de récolement fait, soit quand un second saisissant se présente après que les effets ont déjà été mis sous garde judiciaire, soit lorsqu'il s'agit de procéder à la vente, il faut en conclure que l'huissier qui fait un récolement dans ces deux circonstances doit être asisté de recors. *Tarif, art.* 36 et 37.

Quand le récolement a lieu pour remplacer un gardien qui a obtenu sa décharge, l'huissier n'est pas assisté de témoins; car alors la partie saisie doit êtré appelée. *Ibid. art.* 29 et 35.

§. IV.

Du lieu, du jour et de l'heure de la Vente.

La vente des effets saisis se fait au marché du lieu, ou au marché le plus prochain, à l'heure où il se tient ordinairement. La vente peut aussi être faite un dimanche, mais toujours sur la place du marché. *Art.* 617. Alors elle ne doit avoir lieu qu'après l'office divin, parce que c'est l'heure où il peut venir un plus grand nombre d'enchérisseurs.

Cependant, le tribunal à qui appartient la connaissance de la saisie, peut permettre, suivant les circonstances, que la vente se fasse dans tout autre lieu, s'il en résulte un avantage. Par exemple, la fragilité de certains meubles, de certaines marchandises, les exposerait à se détériorier dans le transport : voilà pourquoi il arrive souvent qu'on fait la vente dans le lieu où sont les objets saisis, après avoir obtenu un jugement qui le permet. *Art.* 617.

A l'égard des barques, chaloupes et autres bâtimens de mer, du port de dix tonneaux et au dessous ; comme aussi à l'égard des bacs, galiotes, bateaux et autres bâtimens de rivière, des moulins et autres édifices mobiles assis sur bateaux, ou autrement, ils sont vendus sur les ports, gares et quais où ils se trouvent, après avoir été annoncés par quatre placards au moins, comme pour les autres objets mobiliers. *Art.* 620.

Ce qu'il y a pourtant de particulier pour ceux-ci, c'est que la vente n'en doit être faite qu'après trois publications, à trois jours consécutifs, dans le lieu où ils sont situés. *Ibid.*

La première publication ne doit être faite que huit jours au moins après que la saisie a été signifiée au débiteur. *Ibid.*

Ces publications se font à haute voix, et consistent à indiquer les choses qui sont à vendre, afin que ceux qui voudraient les acheter puissent les examiner. On déclare aussi que la publication faite est la première, ou la seconde, ou la dernière. La formalité des publications est constatée par procès verbal d'huissier.

Une autre disposition particulière concerne la vaisselle d'argent, ainsi que les bagues et joyaux, quand ces objets sont d'une valeur de trois cents francs au moins ; son application doit s'étendre à tous les effets précieux. D'abord, l'apposition des placards se fait dans la forme ci-dessus expliquée. Ensuite, les objets sont exposés en public, à trois jours différens, soit au marché, soit dans le lieu où ils sont gardés, ce qui est constaté par procès verbal d'huissier. *Art.* 621.

Ces précautions n'autorisent pas à vendre les effets dont il s'agit, au dessous de leur valeur réelle, qui est connue par le cours du commerce, si c'est de la vaisselle d'argent. A l'égard des bagues, joyaux et effets précieux, ils ne peuvent être vendus au dessous de l'estimation qui en aura été faite par gens de l'art. *Ibid.*

Dans les villes où il s'imprime des journaux, on est dispensé des trois publications qui sont ordonnées pour les objets de marine et de rivière, ainsi que des trois expositions préalables à la vente des bagues et joyaux d'une valeur de trois cents francs : on y supplée, en insérant dans le journal l'annonce de la vente dont il s'agit.

Cette annonce doit être répétée trois fois dans le cours du mois qui précède la vente. *Art.* 620 et 621.

§. V.

Du Procès verbal de Vente.

En autorisant l'exécution des meubles, la justice ne se propose que l'acquittement des dettes de celui à qui ils appartiennent. Si donc les objets saisis sont en telle quantité, que leur prix doit excéder les sommes à payer, tant au saisissant qu'aux opposans, s'il y en a, en principal, intérêts et frais, il n'est permis d'en vendre que ce qui suffit pour remplir les causes de la saisie. *Art.* 622.

A cet effet, l'officier chargé de vendre fait une estimation approximative des objets que le débiteur indique pour être vendus par préférence ; on ne procède point à la vente des choses qu'il a réservées, lorsque le prix des autres effets suffit au paiement de toutes les sommes qu'il faut acquitter.

La vente des effets saisis se fait par le ministère d'un huissier ; mais, dans les villes où il a

été créé des commissaires priseurs ; eux seuls
ont le droit exclusif de faire toutes les ventes
publiques d'objets mobiliers.

Les effets saisis sont présentés au public ,
article par article , et adjugés au plus offrant ,
lequel est tenu de payer comptant. Faute de
paiement , on se retirait autrefois devant le
juge , pour faire ordonner que l'objet adjugé
serait revendu sur la folle enchère de l'acqué-
reur. En vertu de la nouvelle loi, il n'est pas
besoin de l'intervention du juge. Si l'adjudicataire ne paye pas comptant , l'effet adjugé doit
être revendu sur le champ , à sa folle enchère ;
c'est-à-dire , que si cet objet n'était pas revendu aussi chèrement , le premier adjudicataire serait tenu de payer la différence qu'il y
aurait entre le prix de la première adjudication
et celui de la seconde. *Art.* 624.

Le commissaire priseur , ou l'huissier chargé
de la vente , en dresse un procès-verbal , qui
doit désigner le lieu , le jour où la vente s'est
faite , ainsi que chaque objet mis à l'enchère ,
et le prix auquel il a été adjugé. Il doit énoncer aussi que le prix a été payé comptant ,
ou que , faute de paiement , le même effet a été
sur le champ revendu sur folle enchère.

Pour faire la vente , le commissaire priseur ,
ou l'huissier , n'a pas besoin d'être assisté de
témoins : leur présence ne peut être d'aucune

utilité pour un acte qui se fait publiquement, et partie appelée.

Le procès verbal de vente doit faire mention des noms et du domicile de chaque adjudicataire ; l'officier chargé de vendre ne peut recevoir, pour chaque article, aucune somme au-dessus de la dernière enchère, à peine de se rendre coupable de concussion. *Art.* 625.

Quand il s'agit de vendre des objets qui doivent être publiés ou exposés préalablement, à trois jours différens, il est bien que le procès verbal de vente fasse mention de ces formalités, en indiquant les lieux, jours et heures où elles ont été remplies.

Enfin, dans le procès verbal de vente doit être constatée la présence, ou le défaut de comparution de la partie saisie. *Art.* 625.

Si la vente ne peut être achevée en une vacation, le procès verbal de la première indiquera le jour, l'heure et le lieu de la seconde ; et ainsi de suite, jusqu'à la dernière. A chaque vacation, on fera mention de la présence, ou du défaut de comparution de la partie saisie.

Dans le cas où elle est présente, faut-il qu'elle signe le procès verbal de vente ? Si elle veut bien signer à chaque vacation, sa présence n'en est que mieux constatée ; et l'officier chargé de la vente ne manque pas de lui en faire la proposition, sauf à déclarer qu'elle a refusé de signer.

Cette formalité, pourtant, n'est pas nécessaire; la loi exige seulement que le commissaire priseur, ou l'huissier, déclare si la partie saisie était présente ou absente.

Les deniers provenans de la vente restent en dépôt entre les mains de l'officier qui l'a faite, pour opérer les paiemens, d'après le consentement des parties, ou en exécution de jugemens; ou bien il consigne ces mêmes deniers, quand ceux qui y prétendent droit ne sont pas d'accord. *Voyez*, à ce sujet, ce que nous dirons au Chap. VIII, *de la Distribution par Contribution.*

Au surplus, le commissaire priseur, ou l'huissier, qui a procédé à la vente, est personnellement responsable du prix des adjudications énoncées en son procès verbal. C'est à lui à veiller que les paiemens lui soient faits exactement; et s'il consent à accorder quelque délai à certains adjudicataires, il en est tenu personnellement envers les parties. *Art.* 625.

ARTICLE VIII.

Modèles d'Actes pour la Saisie-Exécution.

§. Ier.

Commandement.

« L'an mil huit cent cinq, le onze janvier, en vertu d'un jugement rendu au tribunal civil de Corbeil, département de Seine et Oise, le huit décembre dernier, dûment signifié, et à la requête du sieur Jacques O...., marchand de draps, demeurant à Paris, rue Thibautaudé, n°. 7, division du Pont Neuf, pour lequel domicile est élu à Corbeil, en ma maison; moi, Jean A...., huissier audiencier au tribunal civil de Corbeil, y demeurant, rue Saint Spire, n°. 20, j'ai fait commandement, de par l'Empereur et justice, au sieur S..., tailleur d'habits, demeurant à Corbeil, place Saint Gnaud, n°. 8, de présentement payer audit sieur O...., ou à moi, huissier porteur de pièces, la somme de trois cent soixante-cinq francs, pour les condamnations prononcées contre lui par le jugement ci-dessus mentionné, sans préjudice des intérêts, et autres dus, droits, actions, frais et mises d'exécution.

» N'ayant point trouvé le sieur S... en son domicile, je l'ai regardé comme refusant de payer ladite somme; en conséquence, je lui ai déclaré que ledit sieur O... se pourvoira par les voies de droit; et j'ai laissé copie du présent commandement au domicile du sieur S...., en parlant à une femme qui m'a dit être son épouse.

» Le coût du présent acte est de. ....

Signé A...., huissier.

Si le titre exécutoire, en vertu duquel est fait le commandement, n'avait pas encore été signifié; par exemple, si c'était une obligation passée devant notaires, il faudrait donner copie de ce titre avec le commandement qui ferait mention de cette signification.

Dans le cas où, pour obéir au commandement, on paierait à l'huissier, celui-ci le déclarerait dans son exploit, qui deviendrait alors une quittance très-valable ; il faut aussi, pour plus grande sûreté, retirer le titre exécutoire et autres pièces des mains de l'huissier, qui doit toujours en être porteur quand il instrumente, et qui ne peut refuser de les rendre quand on paye en ses mains l'objet de la dette.

Le commandement dont il s'agit, est taxé comme l'exploit de saisie-arrêt. Voyez ci-desus Chap. I, art. VII.

<h2 style="text-align:center">§. I I.</h2>

Procès verbal de Saisie-Exécution.

« L'an mil huit cent cinq, le quatorze janvier, dix heures du matin, en vertu d'un jugement rendu au tribunal civil de Corbeil, département de Seine et Oise, le huit décembre dernier, dûment signifié, et à la requête du sieur Jacques O..., marchand de draps, demeurant à Paris, rue Thibautaudé, n°. 7, division du Pont Neuf, pour lequel domicile est élu à Corbeil, en la demeure de M^e. J...., avoué, sise cloître Saint Spire, n°. 15 ; moi, Jean A...., huissier audiencier au tribunal civil de Corbeil, y demeurant, rue St. Spire, n°. 20, j'ai fait itératif commandement, de par l'Empereur et justice, au sieur Pierre S...., tailleur d'habits, demeurant à Corbeil, place Saint Gnaud, n°. 8, et par moi trouvé en personne à son domicile, de présentement payer audit sieur O...., ou à moi, huissier porteur de pièces, la somme de trois cent soixante-cinq francs, pour les condamnations prononcées contre lui, par ledit jugement, sans préjudice des intérêts et dépens, et des autres dus, droits, actions, frais et mises d'exécution.

» Ledit sieur S.... ayant été refusant de payer ladite somme, je lui ai déclaré que j'allais présentement procéder à la saisie-exécution de ses meubles et effets ; en conséquence, étant assisté des deux témoins ci-après nommés, j'ai saisi et mis sous la main de justice, les objets qui suivent :

» 1°. Dans une chambre par bas, éclairée sur la place, un poële de faïence, de soixante centimètres de haut, sur cinquante centimètres dans ses autres dimensions, et garni de sa porte, avec sept bouts de tuyaux en tôle, de dix centimètres de diamètre ;

» Plus une table en bois de chêne, de deux mètres de long, sur un mètre de large, et trois centimètres d'épaisseur ; ladite table est portée sur deux tréteaux en bois de chêne, de soixante centimètres de haut ;

» Plus trois chaises de bois blanc, à fond de paille ;

» Plus deux rideaux de toile blanche, de chacun deux mètres soixante centimètres de haut, sur un mètre de large.

2°. Dans une chambre ensuite, éclairée sur la cour, un bois de lit de chêne, à deux dossiers, d'un mètre de large, avec roulettes à équerre et fond sanglé ;

» Plus un sommier de crin, couvert en toile à carreaux bleus et blancs ;

» Plus deux matelats de mère laine, couverts en toile à carreaux bleus et blancs ;

» Plus un lit de plume, un traversin et un oreiller carré, le tout couvert en coutil ;

» Plus deux couvertures de laine, de la dimension dite de sept pointes ;

» Plus une commode de bois de noyer, à dessus de marbre, dit de Sainte Anne, avec anneaux, et entrées de serrures aux cinq tiroirs, en cuivre ;

» Plus, dans l'un des deux tiroirs d'en haut de ladite commode, six cuillers et six fourchettes d'argent, unies, frappées au poinçon de Paris, marquées des lettres P S ; le tout pesant ensemble neuf cent soixante-seize grammes vingt-un milligrammes ;

» Plus, dans l'autre tiroir du haut, une somme de cent vingt francs, savoir : huit pièces de six livres, douze pièces de cinq francs, trois pièces de trois francs, et deux pièces d'un franc cinquante centimes ;

» Plus, dans le tiroir du milieu, une pièce de drap de Silésie, couleur grise, et de la longueur de dix-neuf mètres.

» Tous les meubles et effets ci-dessus décrits étant les seuls trouvés dans lesdits lieux, j'ai interpellé ledit sieur S..... de me donner bon et solvable gardien ; il m'a présenté la personne du sieur Nicolas M...., aubergiste, demeurant à Corbeil, rue Notre Dame, lequel, de tous lesdits meubles et effets s'est volontairement chargé et rendu gardien, sans rien déplacer, et a promis de les représenter toutes les fois qu'il en serait requis, comme dépositaire de biens de justice : je lui ai en outre signifié, ainsi qu'audit sieur S...., que la vente desdits meubles et effets aurait lieu le vingt-quatre du présent mois, suivant les formes voulues par la loi.

» J'ai laissé audit sieur M..., gardien, et audit sieur S..., en parlant à leur personne, à chacun d'eux séparément, copie du présent procès verbal de saisie, faite en présence de Michel C...., journalier, naturel français, âgé de trente-trois ans, demeurant à Corbeil, rue Saint Jacques, n°. 9 ; et de Paul D..., garçon pâtissier, naturel français, âgé de vingt-neuf ans, demeurant à Corbeil, rue Saint Spire, n°. 27 ; ces deux témoins ne sont ni parens, ni alliés, ni domestiques des parties, ni de moi, huissier, et ils ont signé avec moi et ledit sieur M....., gardien, tant l'original du présent acte que les deux copies.

» Le coût du présent procès verbal, y compris les copies laissées au gardien et à la partie saisie, est de...

» *Signé* M... gardien; C...., D...., témoins; A...., huissier ».

Lorsque la saisie se fait dans un lieu où le débiteur ne demeure pas; par exemple, dans un dépôt de marchandises qu'il a loin de son domicile; le procès verbal ne contient pas itératif commandement, et son préambule est ainsi conçu:

L'an, etc., en vertu, etc., et à la requête de, etc., moi, etc., me suis transporté en une chambre, au premier étage, d'une maison sise à Essonne, arrondissement de Corbeil, où sont emmagasinées des marchandises appartenantes au sieur Nicolas-S..., marchand tailleur d'habits, demeurant à Corbeil, place Saint-Gnaud, n°. 8. Faute, par ledit sieur S..., d'avoir satisfait au commandement que je lui ai fait, à la requête dudit sieur O..., le onze du présent mois, j'ai saisi et mis sous la main de justice, assisté des témoins ci-après nommés, les objets dont le détail suit, etc.

Le débiteur n'étant pas présent à la saisie, il ne présente personne pour être gardien; l'huissier en établit donc un de son choix, en ces termes :

» Tous les effets mobiliers ci-dessus décrits étant les seuls trouvés dans lesdits lieux, et le sieur S.... ne présentant personne pour en être gardien, j'en ai confié la garde à Sylvestre N...., débitant de tabac, demeurant en la commune d'Essonne, lequel s'en est volontairement chargé et rendu gardien, sans rien déplacer, et a promis de les représenter, etc ».

Si le débiteur présentait pour gardien une personne non solvable, ou qui ne fût pas de qualité requise, l'huissier la refuserait, et établirait un gardien de son choix, en s'exprimant ainsi :

» Il m'a présenté la personne de Joseph L...., journalier, demeurant à Essonne : comme il est notoire que la solvavilité de ce particulier n'est pas suffisante pour répondre des objets saisis, j'ai refusé de l'établir gardien ; le sieur S.... n'ayant pas voulu présenter une autre personne, j'ai confié la garde desdits effets saisis à Sylvestre N....., débitant de tabac, demeurant en la commune d'Essonne, lequel s'en est volontairement, etc. »

Si le débiteur saisi conteste cette nomination de gardien, il peut introduire un référé devant le président du tribunal; mais en attendant la décision, le gardien établi par l'huissier reste en fonction.

Lorsque la saisie se fait dans le domicile du

débiteur, et qu'il ne s'y trouve pas, l'huissier doit remettre une copie de son procès verbal au maire ou adjoint, et terminer en ces termes :

» J'ai dressé le présent procès verbal en présence de.......; ces deux témoins, ainsi que le sieur M..., gardien, ont signé tant l'original que les deux copies, dont l'une a été laissée audit gardien, en parlant à sa personne ; et attendu que le sieur S.... ne s'est point trouvé en son domicile, j'ai remis l'autre copie à M. le maire de Corbeil, qui a visé l'original du présent acte.

» Le coût du présent procès verbal est de.... »

» *Signé* M..., gardien ; C...., D...., témoins ;

A....., huissier.

» Vu par nous, maire de Corbeil, le présent orignal, dont copie nous a été remise. A Corbeil, ce quatorze janvier mil huit cent cinq.

» *Signé* P...., maire ».

Lorsque la saisie est faite dans un autre lieu que le domicile du débiteur, et qu'il n'est pas présent, la copie de l'exploit n'est pas donnée au maire de la commune de ce lieu ; il faut la signifier au domicile du débiteur, dans le jour, avec augmentation de délai, à raison d'un jour pour trois myriamètres de la distance qu'il y a de ce domicile au lieu où s'est faite la saisie.

Cette signification se rédige ainsi :

» L'an mil huit cent cinq, le quatorze janvier,

à la requête du sieur Jacques O..., marchand de draps, demeurant à Paris, rue Thibautaudé, n°. 7, division du Pont Neuf, pour lequel domicile est élu à Corbeil, dans la demeure de M^e. J...., avoué, sise cloître Saint Spire, n°. 15, moi, Jean A...., huissier audiencier au tribunal civil de Corbeil, y demeurant, rue Saint Spire, n°. 20, j'ai notifié et laissé copie au sieur Pierre S....., marchand tailleur d'habits, demeurant à Corbeil, place Saint Gnaud, n°. 8, à son domicile, en parlant à un jeune homme qui m'a dit être son fils, du procès verbal de la saisie-exécution par moi faite aujourd'hui, sur les objets mobiliers dudit sieur S..., et qui se sont trouvés dans une chambre, au premier étage, d'une maison sise à Essonne, arrondissement de Corbeil.

» Copie du présent exploit a été laissée par moi, avec celle dudit procès verbal, en parlant comme dessus.

» Le coût de la présente signification est de..»

Signé A..., huissier ».

Refuse-t-on d'ouvrir la porte du local où la saisie doit être faite ; ou bien, pendant le cours de la saisie, se trouve-t-il quelque porte de chambre ou d'armoires qu'on ne veut pas ouvrir ? l'huissier interrompt son procès verbal, en établissant gardien à la porte close, et même aux effets déjà saisis ; il va ensuite chercher un des, fonctionnaires indiqués par la loi : en sa présence il fait ouvrir de force les portes et meubles, par les ouvriers propres à cet ouvrage, et mandés par lui exprès ; puis il continue son procès verbal de saisie, qui, alors, est signé par le fonctionnaire requis ; ces diverses circonstances y sont mentionnées comme il suit :

« L'an, etc...., à la requête de, etc..., pour commencer (*ou pour continuer*) ladite saisie, ayant trouvé la porte de la chambre (*ou de l'armoire*) fermée, sans que ledit sieur S...., ni personne pour lui, ait voulu l'ouvrir, malgré là sommation que je lui en ai faite, en présence de...., tous deux témoins ; qui ne sont ni parens, ni alliés, ni domestiques d'aucune des parties, ni de moi, huissier, j'ai provisoirement établi à la garde de ladite porte, et des effets déjà saisis, et ci-dessus décrits, la personne de Sylvestre N...., débitant de tabac, demeurant à Essonne ; lequel s'est volontairement chargé de ne laisser rien sortir par ladite porte, comme aussi de garder les effets déjà saisis, jusqu'à ce que soit arrivé le fonctionnaire public dont la loi m'autorise de requérir la présence, pour faire ouvrir de force la porte ; ledit gardien a signé en cet endroit, avec les deux témoins.

» *Signé* N...., gardien provisoire ; D...., C...., témoins ; A...., huissier.

» Sur ma réquisition, M. P..., maire de la commune d'Essonne, étant arrivé, j'ai commandé au nommé Gaillard, garçon serrurier, demeurant à Essonne, d'ouvrir la porte fermée; ce qui ayant été fait, j'ai saisi et mis sous la main de justice les effets dont la description suit; savoir, etc...»

En terminant le procès verbal, comme dans l'exemple qu'on a donné plus haut, et qui contient établissement d'un gardien définitif, il faut y déclarer que le maire en a signé tant l'original que les copies, les témoins et le gardien définitif doivent encore signer la seconde partie du procès verbal.

Si la saisie est faite dans le domicile du débiteur absent, la copie du procès verbal est remise à l'instant à l'officier qui a été requis pour l'ouverture des portes; il vise à cet effet l'original pour constater cette remise.

Le procès verbal d'une saisie - exécution est taxé à raison du temps que l'huissier y passe, ce qui dépend de la quantité des objets qu'il s'agit de mettre sous la main de justice, et des obstacles que rencontre l'huissier. Le tarif a donc fixé un prix pour chaque vacation, qui doit durer trois heures; on comprend dans l'emploi des trois heures d'une vacation le temps nécessaire pour requérir soit le juge de paix, soit le commissaire de police, soit le maire ou adjoint en cas de refus de porte.

Pour la première vacation il est alloué dans Paris, Lyon, Bordeaux, Rouen et Bruxelles, 5 fr. à l'huissier, et 1 fr. 50 cent. à chacun des deux témoins; en tout 8 fr.

Dans les villes ayant Cour d'appel, ou dont la population excède 30,000 ames, on déduit un dixième, ci 4 fr. 50 c. à l'huissier; et 1 fr. 35 c. à chacun des deux témoins; en tout 7 fr. 20 c.

Partout ailleurs, 4 fr. pour l'huissier, et 1 fr. pour chacun des deux témoins; en tout 6 fr.

Pour chacune des autres vacations, il est alloué dans Paris, Lyon, Bordeaux, Rouen et Bruxelles, à l'huissier 3 fr. 40 c.; et à chacun des deux témoins, 80 c.; en tout 6 fr.

Dans les villes ayant Cour d'appel, et dont la population excède 30,000 ames, un dixième de moins; ce qui fait pour l'huissier 3 francs 6 cent. et pour chacun des témoins, 72 centimes; en tout 4 francs 50 cent.

Partout ailleurs, 2 fr. 55 c. pour l'huissier, et 60 c. pour chacun des deux témoins; en tout 3 fr. 75 c.

Dans les taxes ci-dessus se trouvent comprises les copies pour la partie saisie et pour le gardien. On entend ici par copie destinée à la partie saisie, celle qui lui est remise lorsqu'elle est présente, ou qui est laissée à son domicile lorsque la saisie se fait dans la maison où elle demeure, et qu'il s'y trouve quelqu'un à qui remettre cette copie. On entend aussi la copie qui est portée chez le maire ou l'adjoint, lorsque personne ne s'est trouvé dans le domicile pour recevoir la copie, ainsi que celle qui, dans le même cas, et lorsqu'il y a eu ouverture forcée de porte, est remise au magistrat qui a été appelé. *Tarif, art.* 31, *décret, art.* 2, *et* 5.

Lorsque la saisie a été faite loin du domicile du débiteur, la signification doit lui en être faite à son domicile, ou à sa personne; c'est alors un acte séparé du procès verbal de saisie; il a un original et une copie qui se taxe comme les actes simples compris sous l'article 29 du tarif, en y ajoutant pour la copie du procès verbal qui accompagne cette signification, la taxe portée par l'article 28, pour les copies de pièces.

La vacation du juge de paix, ou du commissaire de police, pour assister à une ouverture de porte, lui est payée; il en est de même du maire ou adjoint de la commune, si cet officier municipal requiert son paiement. Il est alloué à l'un de ces magistrats requis par l'huissier, à Paris, Lyon, Bordeaux, Rouen et Bruxelles, 5 francs.

Dans les villes ayant Cour d'appel, ou dont la population excède 30,000 âmes, un dixième de moins; ci 4 fr. 50 c.

Dans les autres villes où il y a tribunal de première instance, 3 fr. 75 c.

Partout ailleurs, 2 fr. 50 c. *Tarif,* art. 32 ; *décret,* art. 2 et 3.

Quand l'huissier trouve des deniers parmi les objets qu'il saisit, il est tenu de les déposer, aux termes de l'art. 590 ; à cet effet, il lui est alloué une vacation qui à Paris, Lyon, Bordeaux, Rouen et Bruxelles, est taxée à 2 fr.

Dans les villes ayant Cour d'appel, ou dont la population excède 30,000 ames, on diminue un dixième ; ci 1 fr. 80 c.

Partout ailleurs, 1 fr. 50 c. *Tarif,* art. 33 ; *décret,* art. 2 et 3.

Le salaire du gardien à qui la conservation des effets saisis est confiée est taxé pour les douze premiers jours, dans Paris, Lyon, Bordeaux, Rouen et Bruxelles, à 2 fr. 50 c.

Dans les villes ayant Cour d'appel, ou dont la population excède 30,000 ames, à un dixième de moins ; ci 2 fr. 25 c.

Dans les autres villes où il y a tribunal de première instance, 2 fr.

Partout ailleurs, 1 fr. 50 c.

Pour chacun des jours qui suivent les douze premiers, il n'est payé dans Paris, Lyon, Bordeaux, Rouen et Bruxelles, que 1 fr.

Dans les villes ayant Cour d'appel, ou dont la population excède 30,000, un dixième de moins ; ci 90 c.

Dans les villes où il y a tribunal de première instance, 80 c.

Partout ailleurs, 60 c. *Tarif, art. 34. décret, art. 2 et 3.*

§. I I I.

Opposition à la Vente.

« L'an mil huit cent cinq, le vingt janvier, à la requête du sieur Louis G...., horloger, demeurant à Versailles, rue Satori, n° 16, moi, Henri B......, huissier reçu au tribunal civil de Corbeil, y demeurant, place St Léonard, n° 21, j'ai déclaré au sieur Nicolas M..., aubergiste, demeurant à Corbeil, rue Nôtre Dame ; établi à la garde des meubles et effets saisis sur le sieur S...., à la requête du sieur O...., par procès verbal du quatorze du présent mois, en parlant à la personne dudit gardien, trouvé en fonctions dans la maison dudit sieur S..., à Corbeil, place Saint Gnaud, n° 8 ; que ledit sieur O..... s'oppose à la vente des six couverts d'argent énoncés au procès verbal, attendu que, le requérant les ayant vendus audit sieur S..... il y a deux mois, celui-ci ne les a pas payés, quoiqu'il eût promis de le faire comptant.

« La copie du présent acte a été par moi laissée audit sieur M..., parlant à lui-même.

« Le coût du présent acte est de .... *Signé* B..., huissier. »

Cette opposition doit être dénoncée au saisis-sant et au saisi par l'opposant ; ce qui se fait par un acte conçu en ces termes :

« L'an mil huit cent cinq, le vingt-deux janvier, à la requête du sieur Louis G..., horloger, demeurant à Versailles, rue Satori, n°. 16 ; moi, Henri B..., huissier, reçu au tribunal civil de Corbeil, y demeurant, place Saint Léonard, n°. 12, j'ai dénoncé au sieur Jacques O..., marchand de draps, demeurant à Paris, en parlant en son domicile, élu à Corbeil, maison de M⁀ J..., avoué, sise cloître Saint Spire, n°. 15, l'opposition signifiée, par mon exploit du vingt du mois courant, au sieur M..., établi à la garde des effets saisis, à la requête dudit sieur O..., sur le sieur Pierre S..., par procès verbal du quatorze du présent mois.

« Ladite opposition a pour objet de réclamer six couverts d'argent compris audit procès verbal de saisie. Le requérant les a vendus, il y a deux mois, audit sieur S... qui ne les a pas payés ; ce qui résulte de la lettre d'envoi que le requérant a écrite audit sieur S.... le quinze décembre dernier, et de la réponse faite à ladite lettre, le dix-huit du même mois, desquelles lettres duement enregistrées, copie est donnée avec le présent acte.

— « En même temps, j'ai donné assignation audit sieur O... à comparaître, dans le délai de huitaine, au tribunal civil de Corbeil, pour y voir ordonner que les six couverts d'argent dont il s'agit, seront remis au requérant, à quoi faire sera contraint le gardien, même par corps, et quoi faisant, il en sera déchargé ; et voir en outre adjuger les dépens, auxquels ledit sieur G... conclut, déclarant que M°. C..., avoué, occupera pour lui.

« La copie de la présente dénonciation, celle de l'exploit y mentionné comme dénoncé, ainsi que copie des deux lettres ci-dessus relatées, ont été laissées entre les mains d'une femme qui m'a dit être l'épouse dudit M°. J..., chez lequel a été élu le domicile dudit sieur O...

« Le coût du présent acte est de... *Signé* B..., huissier. »

Même dénonciation est faite à la partie saisie ; il est inutile d'en répéter la formule.

A cette demande, le saisissant et le saisi répondent verbalement à l'audience, comme en toute autre matière sommaire. Chacun prend les conclusions qu'il juge les plus convenables.

Si le saisissant ne reconnaît pas la légitimité de la réclamation, il conclut à ce que, sans avoir égard à l'opposition, il plaise au tribunal ordonner qu'il sera passé outre au récolement, à l'enlèvement et à la vente des meubles et effets, pour, les deniers qui en proviendront, être tenus en justice à la conservation des droits de qui il appartiendra, les frais de vente prélevés ; en conséquence, que le gardien sera contraint, même par corps, à faire la représentation des effets saisis, quoi faisant, il sera déchargé; à l'égard dudit sieur S..., déclarer le jugement à intervenir commun avec lui, et le condamner en tous les dépens, dans le cas où l'opposant ne les supporterait pas, et desquels, à tout événement, le saisissant sera remboursé comme de frais de vente, sous la réserve que fait ce dernier de tous ses autres dus, droits et actions.

L'original et la copie de l'opposition à la vente, ainsi que les exploits de dénonciation de cette opposition au saisissant et au saisi, avec assignation, sont taxés comme la saisie-arrêt ou opposition. Voyez, ci-dessus, Chap. I. art. VII. §. I.

§. I V.

Opposition sur le Prix de la Vente.

« L'an mil huit cent cinq, le vingt-un janvier, à la requête du sieur Christophe E..., marchand de toile, demeurant à Beauvais, département de l'Oise, et pour lequel domicile est élu en ma demeure, à Corbeil; moi, Henri B..., huissier, reçu au tribunal civil de Corbeil, y demeurant, place Saint-Léonard, n°. 12, j'ai déclaré au sieur Jacques O..., marchand de draps, demeurant à Paris, en son domicile élu à Corbeil, dans la maison de M°. J..., avoué, sise cloître Saint-Spire, n°. 15, en parlant à son clerc, que ledit sieur

E... est créancier du sieur S..., d'une somme de deux cent vingt francs, pour fourniture de toile à lui faite dans le mois de novembre dernier; le requérant en conséquence s'oppose à ce que les deniers qui proviendront de la vente des effets saisis sur ledit S..., à la requête dudit sieur O..., par procès verbal du quatorze de ce mois, ne soient délivrés sans qu'il soit appelé, à l'effet de se faire colloquer, pour être payé de sa créance en principal, intérêts, frais et autres accessoires. Il proteste de nullité de tout ce qui serait fait au préjudice de la présente opposition, dont copie a été laissée par moi au clerc de M^e. J..., chez lequel ledit sieur O... a élu domicile.

« Le coût du présent acte est de.... » *Signé* B...., huissier. »

L'opposition doit être également signifiée, dans les mêmes termes, à l'officier chargé de la vente.

On taxe l'opposition faite sur le prix de la vente, comme l'opposition dont est parlé au paragraphe précédent. *Tarif, art.* 29

§. V.

Sommation de vendre.

« L'an mil huit cent cinq, le vingt-cinq janvier, à la requête du sieur Christophe E..., marchand de toile à Beauvais, département de l'Oise, pour lequel domicile est élu dans ma demeure, à Corbeil; moi, Henri B..., huissier, reçu au tribunal de Corbeil, y demeurant, place Saint Léonard, n°. 12, j'ai sommé le sieur Jacques O..., marchand de draps, demeurant à Paris, en son domicile élu à Corbeil, maison de M°. J..., avoué, sise cloître Saint Spire, n°. 15, en parlant à un clerc, de procéder, dansle délai de deux jours, à la vente des meubles et effets saisis à sa requête, sur le sieur S..., en date du quatorze de ce mois, le jour qui y est fixé étant passé.

« Je lui ai déclaré que, faute de le faire, et ledit délai passé, le requérant, créancier dudit sieur S..., et opposant au prix de la vente, par mon exploit du vingt-un du présent mois, se regardera comme subrogé de plein droit au lieu et place du saisissant, et fera en conséquence procéder aux récolement, enlèvement et vente desdits effets saisis.

« La copie de la présente sommation a été remise par moi au clerc de M°. J..., en la demeure duquel ledit sieur O...., a élu son domicile.

« Le coût du présent acte est de.....) » *Signé* B..., huissier. »

La taxe de cette sommation est la même que celle des deux exploits précédens. *Tarif, art.* 29.

». Signé B..., huissier ».

§. VI.

Signification de la Vente.

On suppose que la vente n'a pas eu lieu le jour indiqué par le procès verbal de saisie. Il faut alors, appeler la partie saisie, pour le jour fixé postérieurement, et lui laisser au moins un jour franc d'intervalle, plus un jour par trois myriamètres de la distance qu'il y a de son domicile au lieu où se fait la vente.

« L'an mil huit cent cinq, le 27 janvier, à la requête du sieur Jacques O..., marchand de draps à Paris, pour lequel domicile est élu à Corbeil, en la demeure de M. J..., avoué, sise cloître Saint Spire, n°. 15; moi, Jean A...., huissier audiencier au tribunal civil de Corbeil, y demeurant, rue Saint Spire, n°. 20, j'ai signifié au sieur Pierre S..., marchand tailleur d'habits, demeurant à Corbeil, place Saint Gnaud, n°. 8, que les effets saisis sur lui par mon procès verbal du quatorze de ce mois, n'ayant pas pu être vendus au jour indiqué par ledit procès verbal, il sera, à la requête dudit sieur O..., et par moi, procédé à leur récolement, enlèvement et transport sur la place du marché de Corbeil, le trois du mois prochain, afin d'y être vendus le même jour à dix heures du matin, suivant les formes voulues par la loi. En conséquence, j'ai sommé ledit sieur S... d'y être présent, et d'y faire trouver des enchérisseurs, si bon lui semble. Je lui ai laissé, en son domicile, copie du présent acte, en parlant à une femme qui m'a dit être son épouse.

« Le coût du présent acte est de..... » *Signé* A...., huissier »

La taxe de cette signification, se fait comme celle de la sommation précédente. *Tarif, art.* 29.

§. VII.

Placards.

Les placards sont conçus en ces termes :

VENTE PAR AUTORITÉ DE JUSTICE.

« Le trois pluviose an treize, à dix heures du matin, dans la place du marché à Corbeil, il sera procédé à la vente., au plus offrant et dernier enchérisseur, de meubles et effets consistans en vaisselle de faïence, poterie, verrerie, tables, chaises de paille, commodes, armoires; bois de lits, matelas, couvertures, draps, napes, serviettes, chemises d'homme, mouchoirs et autres objets.

« Le tout sera payé argent comptant.

C'est l'officier chargé de procéder à la vente qui rédige le Placard et en fait afficher les exemplaires. Pour cette rédaction, il lui est alloué à Paris et partout ailleurs, 1 fr.; si les exemplaires affichés sont manuscrits, on les lui paye à Paris et partout ailleurs, à raison de 50 c. pour chacun. Si les placards sont imprimés, il n'est alloué à l'officier que son droit de rédaction; et il est remboursé des frais d'impression et d'affiche sur les quittances de l'imprimeur et de l'afficheur. *Tarif, art.* 38.

Quest. Les sommes allouées pour la rédaction du placard, et pour chacune des copies, quand il est affiché en manuscrit, doivent-elles être diminuées d'un dixième, dans les villes qui, n'étant pas Paris, Lyon, Bordeaux, Rouen et Bruxelles, ont une Cour d'appel, ou une population excédant 30,000 ames ?

La raison de douter est que, par le décret qui rend le tarif commun à tout l'Empire, cette diminution est ordonnée pour toutes les sommes concernant la taxe des frais et dépens, sans ancune exception.

Nous pensons que cette diminution d'un dixième, ne peut pas frapper sur les taxes qui, dans le tarif, sont indiquées les mêmes pour Paris et pour tout le ressort. Autrement, il arriverait que dans les villes où siège une Cour d'appel, et où la population excède 30,000 ames, la taxe serait d'un dixième plus faible que dans les villes et les communes d'une moindre importance. En effet, le même décret veut, article 3, que la taxe faite pour le ressort de la Cour d'appel de Paris, soit adoptée dans tout l'Empire, excepté dans les grandes villes du second ordre, indiquées par l'article 2; or, dans le cas proposé, la taxe pour le ressort de Paris étant la même que pour cette capitale, doit aussi être la même pour tout l'Empire : si donc la diminution du dixième avait lieu dans les villes du second ordre, on y aurait une taxe plus faible que par tout ailleurs. Les seules grandes villes l'éprouveraient.

§. VIII.

Procès verbal d'Apposition des Placards.

Au bas d'un des placards, l'huissier dresse le procès verbal de leur apposition, comme il suit:

« L'an mil huit cent cinq, le trente janvier, à la requête du sieur Jacques O...., marchand de draps à Paris, pour lequel domicile est élu à Corbeil, en la demeure de M. J..., avoué, sise cloître Saint Spire, n°. 15; pour donner suite à la saisie-exécution faite des meubles et effets du sieur Pierre S..., marchand tailleur d'habits, demeurant à Corbeil, place Saint Gnaud, n°. 8, par mon exploit du quatre de ce mois, moi, Jean A..., huissier audiencier du tribunal civil de Corbeil, y demeurant, rue Saint Spire, n°. 20, déclare que le placard, ci-dessus transcrit, a été affiché en ma présence, aujourdhui, par Sébastien T...., afficheur, demeurant à Corbeil, rue du Pont, n°. 4, dans les différens endroits de la commune de Corbeil, selon qu'il est d'usage; et notamment un exemplaire à la porte de la maison où sont les effets saisis; un autre exemplaire à la porte de la maison commune; un troisième à la porte de l'auditoire du tribunal, et un quatrième sur la place du marché; en foi de quoi j'ai dressé le présent procès verbal, dont le coût est de.... *Signé A...,* huissier. »

On ne doit afficher que le placard, au bas duquel on ne met point le procès verbal d'apposition.

La taxe du procès verbal d'apposition de placards, est pour Paris, Lyon, Bordeaux, Rouen et Bruxellles, de 3. fr.

Dans les villes ayant Cour d'appel, ou dont la population excède 30,000 ames, on diminue un dixième, cy 2. fr. 70 c.

Partout ailleurs, 2. fr. 25 c.

Ces prix sont uniquement pour l'exploit dont il n'y a qu'un original, attendu qu'il n'en est donné aucune copie. *Tarif, art.* 39; *décret, art.* 2 et 3.

Il faut donc comprendre le salaire de l'afficheur dans les déboursés qui sont payés séparément.

Le contenu au placard est inséré dans un journal, s'il s'en imprime dans la ville où se fait la vente; le même article du tarif autorise de passer en taxe ce qu'il en coûte pour l'insertion dans ce journal.

§. IX.

Récolement.

« L'an mil huit cent cinq, le trois février, huit heures du matin, à la requête du sieur Jacques O..., marchand de draps à Paris, pour lequel domicile est élu à Corbeil, en la demeure de M°. J..., avoué, sise cloître Saint Spire, n°. 15; moi Jean A..., huissier audiencier du tribunal civil de Corbeil, y demeurant, rue Saint Spire, n°. 20, je me suis présenté en une maison sise à Corbeil, place Saint Gnaud, n°. 8; j'y ai trouvé le sieur Nicolas M..., établi gardien des effets saisis par mon procès verbal du quatorze du mois dernier, sur le sieur Pierre S..., demeurant en la dite maison, à la requête du dit sieur O.... Ayant déclaré au dit M..., que j'allais procéder au récolement desdits effets, même en l'absence de la partie saisie qui n'a point comparu, ni personne pour elle, j'ai appelé lesdits effets article par article, tels qu'ils sont désignés audit procès verbal, et le gardien me les a représentés successivement dans le même état où ils étaient quand ils lui ont été confiés.

» En conséquence, ledit M... est déchargé de sa garde; et afin de procéder à la vente signifiée audit sieur S.... par mon exploit du vingt-sept du mois dernier, pour aujourdhui à dix heures du matin, j'ai fait enlever et transporter lesdits effets dans le marché de Corbeil, en foi de quoi j'ai dressé le présent procès verbal, dont le coût est de.... » *Signé* A..., huissier. »

Si, avec la permission du tribunal, la vente devait se faire dans la maison du saisi, il ne serait point parlé de l'enlèvement et du transport des meubles dans la place du marché ; après avoir constaté l'existence des effets par le récolement, l'exploit serait terminé par la décharge du gardien.

Quand il se fait un récolement par un huissier qui, de la part d'un créancier, avec titre exécutoire, se présente pour saisir des objets déjà mis sous la main de justice, il n'est parlé ni de l'enlèvement des meubles, ni de la décharge du gardien.

Dans quelques circonstances que soit fait un récolement, on ne décrit point les effets qui sont représentés ; les seuls objets qu'on trouve de manque, ou détériorés, sont désignés en détail ; comme ils le sont au procès verbal de saisie.

Lorsqu'en procédant à un récolement, l'huissier d'un autre créancier trouve des effets qui n'étaient pas mis sous la main de justice, il en fait la saisie ; et alors son récolement devient, à l'égard de ces objets, un vrai procès verbal de saisie, et doit en avoir toutes les formes.

Pour taxer un procès verbal de récolement, on distingue s'il se fait lorsqu'un gardien a obtenu sa décharge, et est remplacé par un autre ; ou s'il s'agit de vérifier le procès verbal d'une saisie, au nom d'un second créancier qui veut exécuter les meubles lorsque déjà ils sont sous garde-judiciaire ; enfin si le récolement a lieu pour procéder à la vente.

Dans le premier cas, l'huissier n'est pas accompagné de témoins ; il lui est payé pour l'original de son procès-verbal, à Paris, Lyon, Bordeaux, Rouen et Bruxelles, 3 fr.

Dans les villes ayant Cour d'appel, ou d'une population de plus de 30,000 ames, un dixième de moins, cy 2 fr. 70 c ;

Partout ailleurs, 2 fr. 25 c.

Pour chacune des copies du procès verbal de récolement, on paye le quart de l'original. Observez qu'une copie du procès verbal de récolement est donnée au gardien déchargé ; à l'égard de la copie du procès verbal de saisie qui lui avait été remis, il la laisse au nouveau gardien. *Tarif, art. 35 ; décret, art. 2 et 3.*

Au second cas, lorsque le récolement se fait par un créancier qui se présente pour saisir, après une saisie antérieure, l'huissier est assisté de deux témoins ; l'acte doit contenir sommation au saisissant de vendre ; et afin que cet acte ait la force d'une opposition, sur le prix de la vente, il doit être signifié à l'huissier qui est chargé d'y procéder. Ce récolement, y compris les deux copies et les deux témoins, est taxé, à Paris, Lyon, Bordeaux, Rouen et Bruxelles, 6 francs.

Dans les villes ayant Cour d'appel, ou d'une

population au-dessus de 30,000 ames, on diminue d'un dixième, cy 5 fr. 40 c.

Partout ailleurs, 4 fr. 50 c.

Lorsque le procès verbal de récolement comprend des objets qui avaient été omis dans la saisie, il en faut une troisième copie pour le débiteur poursuivi : cette copie est taxée le quart de l'original. *Tarif, art. 36; décret, art. 2 et 3.*

Dans le troisième cas, celui du récolement qui a lieu avant de procéder à la vente, il ne se fait point de copie du procès verbal, qui est taxé aux mêmes prix que pour le cas précédent, savoir : 6 fr. à Paris, etc. 5 fr. 40 c. dans les villes ayant Cour d'appel etc. Et 4 fr. 50 c. partout ailleurs. *Tarif, art. 37.*

Quand il faut transporter les effets saisis, pour les vendre sur la place publique, l'huissier est remboursé de ses frais sur les quittances qu'il en représente, ou sur sa simple déclaration. Si les voituriers et gens de peine ne savent pas écrire, alors il est tenu de déclarer sur son procès verbal de vente, ce que lui ont coûté les frais de transport, et que les personnes qu'il a employées à ce travail ne savent pas écrire. *Ibid.*

§. X.

Procès verbal de Vente.

« L'an mil huit-cent cinq, le trois février,

dix heures du matin, à la requête du sieur
Jacques O...., marchand de draps à Paris, pour
lequel domicile est élu à Corbeil, en la demeure de M^e. J....., avoué, cloître Saint Spire,
n°. 15 ; moi, Jean A.., huissier audiencier du
tribunal civil de Corbeil, y demeurant, rue
Saint Spire, n°. 20, après récolement de ce
jour, j'ai fait transporter, dans la place du
marché de Corbeil, les effets saisis par mon
procès verbal du quatorze du mois dernier, à
la requête du dit sieur O..., sur ledit S....
pour y être vendus ; ce dernier, en a été averti
par la signification de mon exploit, du vingt-
sept dudit mois, portant sommation de se trouver à ladite vente, ce jourdhui, à dix heures
du matin, sur la place du marché à Corbeil ;
cette vente a aussi été annoncée par placards,
suivant que le constate mon procès verbal du
trente du mois dernier. J'ai attendu jusqu'à
onze heures sonnées ; et ne voyant point comparaître le sieur S...., ni personne pour lui,
j'ai, en son absence, procédé à l'adjudication
desdits effets, au plus offrant et dernier enchérisseur, ainsi qu'il suit :

« Art. 1er. Un lot de poterie de terre et
grès, qui ne mérite pas description, adjugé
à Pierre V..., garçon tanneur, demeurant à
Corbeil, rue du Battoir, pour un franc quatre-
vingt-quinze cent. qu'il a payés, ci.. 1 fr. 95 c.

» ART. 2, etc......

» Les meubles et effets vendus comme il est dit ci-dessus, et payés comptant en mes mains, étant la totalité de ceux compris en la susdite saisie, j'ai clos le présent procès verbal de vente, après y avoir vaqué en la place du marché de Corbeil depuis dix heures du matin, jusqu'à trois heures après midi, sans que ledit sieur S..., s'y soit présenté, ni personne pour lui. *Signé* A..., huissier.

Une vente de meubles peut durer plus ou moins long-temps, selon la quantité des objets saisis; c'est pourquoi la taxe en est faite par vacation de trois heures, y compris la rédaction du procès verbal. Il est alloué à l'officier qui procède à la vente, pour la première vacation, et chacune des autres, à Paris, Lyon, Bordeaux, Rouen et Bruxelles, 8 francs.

Dans les autres villes ayant Cour d'appel, ou une population de plus de 30,000 ames, on diminue d'un dixième seulement, ce qui fait 7 fr. 20 cent.

Dans les villes non indiquées ci-dessus, mais où siége un tribunal de première instance, chaque vacation, y compris le procès-verbal de vente, est taxée à 5 fr.

Partout ailleurs, la taxe est de 4 fr.

Observez qu'à Paris les ventes publiques de meubles sont faites exclusivement par des commissaires priseurs ; or, pour requérir un de ces officiers, il est alloué à l'huissier une vacation de 2 fr. *Tarif, art.* 39 ; *décret, art.* 2 *et* 3.

Remarquez encore que si la partie saisie ne comparaît pas à la vente, son absence est constatée sur le procès verbal, et qu'il ne doit être nommé aucun officier pour la représenter. *Tarif, art.* 40.

S'il s'agit de la vente de barques, chaloupes et autres bâtimens, le Code judiciaire, *art.* 620, exige que sur les lieux où se trouvent les objets, il soit fait trois publications avant de procéder à la vente. Pareillement quand, parmi les objets saisis, il se trouve de la vaisselle d'argent, des bagues et joyaux d'une valeur au-dessus de 300 fr., le même Code, *art.* 621, veut que les objets soient exposés à trois fois différentes, avant que de procéder à la vente. Mais, suivant les mêmes articles, les trois publications, ou expositions, sont suppléées par trois annonces insérées en un journal, dans les villes où il s'en imprime. En conséquence, il ne doit être rien alloué à l'huissier, pour vaquer aux publications ou expositions à Paris, ni dans les villes où il s'imprime des journaux, puisque ces formalités n'y ont pas lieu. Cependant, pour régler ce point d'une manière générale, même pour les cas, où soit à Paris, soit dans d'autres villes, il cesserait d'y avoir des journaux propres à contenir de pareilles annonces, le tarif a fixé une taxe qui ne doit évidemment avoir lieu que dans les lieux où il ne s'imprime point de journaux.

Pour chacune des deux premières publications ou expositions, il est alloué à Paris, Lyon, Bordeaux, Rouen et Bruxelles, 6 fr.

Dans les autres villes, ayant Cour d'appel, ou d'une population excédant 30,000 ames, un dixième de moins, ci 5 fr. 40 cent.

Dans les villes non désignées ci-dessus, et où il y a un tribunal de première instance, 4 fr.

Partout ailleurs, 3 fr.

Il n'est rien alloué pour la troisième publication ou exposition ; parce qu'elle a lieu le jour de la vente, et est comprise dans la vacation de vente. *Tarif, art. 41 ; décret, art. 2 et 3.*

Si l'expédition du procès verbal de vente est requise par l'une des parties, il est alloué à l'officier qui a procédé à la vente, pour chaque rôle d'expédition, contenant vingt-cinq lignes à la page, et dix à douze syllabes à la ligne, dans Paris, Lyon, Bordeaux, Rouen et Bruxelles, 1 fr. ;

Dans les autres villes qui ont Cour d'appel, ou une population excédant 30,000 ames, un dixième de moins, ci 90 cent.

Dans les villes non désignées ci-dessus, et où il y a tribunal de première instance, 50 cent.

Partout ailleurs, 40 cent. *Ibid.*

L'officier qui a procédé à la vente, fait taxer ses frais de vente par le juge, sur la minute du procès verbal ; or, pour vaquer à cette réquisition de taxe, il est alloué dans Paris, Lyon, Bordeaux, Rouen et Bruxelles, 3 fr.

Dans les autres villes ayant Cour d'appel, ou une population excédant 30,000 ames, un dixième de moins, ci 2 fr. 70 cent.

Dans les villes non désignées ci-dessus, mais où il y a tribunal de première instance, 2 fr.

Partout ailleurs, 1 fr. 50 cent. *Tarif, art.* 42; *decret, art.* 2 *et* 3.

CHAPITRE III.

De la Saisie des Fruits pendans par racine, ou de la Saisie-Brandon.

La matière de ce chapitre se divise en quatre articles qui expliqueront, 1°. ce que c'est que la saisie-brandon ; 2°. quelles en sont les formalités ; 3°. comment la vente des objets saisis-brandonnés est annoncée ; 4°. comment elle se fait.

ARTICLE PREMIER.

Ce que c'est que la Saisie-Brandon.

La *Saisie-Brandon* est une véritable saisie-exécution qui a pour objet spécial des fruits pendans par les racines. On lui donne le nom de *brandon*, qui signifie flambeau fait avec de la paille, parce qu'on est dans l'usage d'indiquer, avec des bâtons enfoncés en terre par un bout, et garnis de paille par l'autre bout, les terres dont les fruits sont saisis. C'est par suite de cet ancien usage qu'on attache quelquefois des bouchons de paille à certains objets qui sont à vendre.

Celui qui a le droit de faire exécuter les meubles de son débiteur, a donc aussi celui de faire brandonner les récoltes que ce dernier est près de faire à son profit. Ainsi on peut saisir, sur un fermier, les fruits de l'héritage qu'il tient à bail; c'est à lui qu'ils appartiennent. Cette saisie est purement mobilière; puisqu'elle ne frappe que sur des choses qui doivent essentiellement être séparées du sol.

Objectera-t-on que, suivant *l'art.* 520 du Code civil, les fruits encore pendans par les racines sont immeubles?

La réponse est que, dans la saisie-brandon, les fruits ne sont considérés que par rapport au temps où ils seront séparés du sol, et par conséquent devenus meubles. Si la loi permet de les saisir par avance, c'est une faveur qu'elle accorde; pour qu'à l'époque où ils auront le caractère mobilier, on puisse s'assurer qu'ils serviront au paiement des dettes de celui qui a droit de les cueillir.

Pour que cette indulgence de la loi, à l'égard

des créanciers, ne tourne pas en abus, et pour marquer qu'elle n'a eu en vue que la récolte des fruits près de devenir meubles, il n'est permis d'user de la saisie-brandon que dans les six semaines qui précèdent l'époque ordinaire de la maturité des fruits qu'il s'agit de mettre sous la main de justice. *Art.* 626.

Il faut suivre l'usage de chaque climat pour chaque espèce de fruits, quand il s'agit de déterminer l'époque dont parle la loi. Par exemple, dans un pays où la moisson commence vers la mi-août, et la vendange le premier octobre, la saisie-brandon des blés ne pourra se faire avant le mois de juillet; et la saisie-brandon des raisins ne serait pas valable avant la mi-août.

Les époques ne sont pas les mêmes dans les pays où la moisson commence au milieu de juillet, et la vendange au premier de septembre; la saisie-brandon des blés peut y être pratiquée dès le mois de juin, et celle des vins, dès la mi-juillet.

De là, il suit qu'on ne peut saisir-brandonner que sur le débiteur à qui les fruits appartiendront par la récolte. Ainsi, on ne peut saisir les fruits d'un héritage pour avoir paiement d'une dette contractée par le propriétaire, s'il a donné à bail ce même héritage, parce que les fruits devenus meubles ne lui appartiendront pas.

Par la même raison, on peut brandonner sur un fermier les héritages dont il jouit, parce que les fruits saisis deviennent sa propriété par la récolte.

La saisie-brandon est, pour les fruits encore pendans aux racines, ce que la saisie-exécution est pour les objets mobiliers. Par conséquent, ce que nous avons dit sur cette dernière convient à la saisie-brandon, à l'exception de quelques formalités particulières, nécessitées par la nature des objets, parce qu'ils tiennent encore à l'immeuble pour quelque temps; c'est ce qui résulte de l'*art.* 634 qui veut au surplus, que pour ce qui n'est pas réglé spécialement dans la saisie-brandon, on suive les formalités prescrites pour la saisie-exécution.

ARTICLE II.

Formes de la Saisie-Brandon.

La saisie-brandon est une contrainte qui tend directement à faire vendre les objets sur lesquels elle frappe comme la saisie-exécution; elle doit donc, comme cette dernière, être précédée d'un commandement, avec un intervalle d'un jour franc. *Art.* 626.

Pour les formes de ce commandement, on se conforme à ce qui est dit concernant celui qui précède la saisie-exécution. Pareillement, pour l'exploit de saisie, on observe ce qui a été dit pour l'exécution des meubles, sauf ce qu'on va expliquer, et qui est particulier à l'espèce de saisie dont nous parlons.

On doit indiquer, dans le procès verbal de saisie, ce que contient chaque pièce de terre brandonnée ; la nature des fruits qu'elle porte ; sa situation par département, arrondissement et commune ; et au moins deux de ses tenans et deux de ses aboutissans. *Art.* 627.

Un garde est établi pour les fruits saisis, comme dans la saisie-exécution ; il ne peut jamais être ni le saisissant, ni son conjoint, ni son parent, ou allié, au degré de cousin issu de germain inclusivement ; la même exclusion a lieu pour le saisi, son conjoint, ses parens et alliés au même degré, à moins que ce ne soit du consentement du saisissant.

Quand le garde champêtre de la commune où se fait la saisie n'est pas dans l'exclusion dont on vient de parler, il doit être établi gardien par préférence à toute autre personne. *Art.* 628.

Une copie du procès verbal est laissée au gardien qui signe l'original et les copies, quand il est présent ; s'il ne sait pas signer, il en est fait mention. Si le garde champêtre, à qui la garde des brandons est confiée, n'est pas présent, le procès verbal lui est signifié à personne ou à domicile. *Art.* 628.

Dans tous les cas, une copie du procès verbal de la saisie est remise au maire de la commune dans laquelle sont situés les héritages brandonnés ; ce fonctionnaire vise l'original de l'exploit. *Ibid.*

Quand on brandonne des biens situés dans plusieurs communes qui sont contiguës ou voisines, on ne doit faire qu'une seule saisie, et par conséquent on n'établit qu'un seul gardien. Alors ce ne peut plus être un garde champêtre, parce que ses fonctions ne lui permettent pas de sortir des limites de sa commune, à laquelle il doit toute sa surveillance. On établit donc un gardien, choisi comme il a été dit pour la saisie-exécution. *Ibid.*

Pour viser l'original de l'exploit, on s'adresse au maire de la commune où est situé le chef-lieu de l'exploitation, et on lui laisse une copie. S'il n'y a point de bâtimens d'exploitation, la copie est reçue, et le visa donné par le maire de la commune où est située la majeure partie des biens brandonnés. *Ibid.*

Comme dans la saisie-exécution, le jour où se fera la vente des fruits doit-il être indiqué dans le procès verbal de saisie-brandon ? la loi ne le dit pas ; cette mention n'est donc pas nécessaire.

Il n'est pas dit non plus que le procès verbal de saisie-brandon sera signifié au débiteur ; cette formalité est remplacée par la remise de la copie au maire de la commune. On est toujours assuré, par ce moyen, que le débiteur aura connaissance

des poursuites qui sont faites contre lui. Déjà il
en a été prévenu par le commandement qui a pré-
cédé la saisie.

Pareillement, il n'est point dit que l'huissier
chargé de brandonner des héritages sera assisté de
témoins ; cette formalité n'est point nécessaire
comme dans la saisie-exécution. Un huissier, qui
ferait seul une saisie de meubles, pourrait être
accusé d'en avoir détourné une partie ; ce qui
serait fort embarrassant. Il était donc nécessaire,
et pour sa tranquillité et pour celle du débiteur,
d'ordonner que cet exploit se ferait en présence
de témoins. Il est évident que, pour la saisie-
brandon, une pareille précaution est absolument
inutile.

Le procès verbal d'une saisie-brandon ressemble à celui de tout autre exploit ; ce qui lui
est particulier, c'est qu'il contient l'indication
de chaque pièce, sa contenance et sa situation,
deux au moins de ses tenans et aboutissans, et la
nature des fruits, ainsi qu'on vient de le dire.

La minute de ce procès verbal, pour la première vacation qui est de trois heures, est payée
à Paris, Lyon, Bordeaux, Rouen et Bruxelles,
6 francs ; dans les autres villes ayant cour d'appel,
ou une population de plus de 30,000 ames,
un dixième de moins, ci 5 f. 40 c.

Dans les villes non désignées ci-dessus, et où
il y a tribunal de première instance, 5 francs.

Partout ailleurs, 4 fr.

Chacune des vacations suivantes, également de trois heures, est taxée, à Paris et dans les villes assimilées, 5 francs.

Dans les autres villes ayant cour d'appel, ou une population excédant 30,000 ames, un dixième de moins, ci 4 fr. 50 c.

Dans les villes non désignées ci-dessus, et où il y a tribunal de première instance, 4 francs; Partout ailleurs, 3 fr.; *Tarif art.* 43; *décret, art.* 2 *et* 3.

Pour chacune des copies à délivrer de ce procès verbal, il est alloué le quart de l'original. *Tarif, art.* 44.

Les frais de garde pour le garde champêtre, sont taxés par jour, dans tout l'empire, à 75 c.

Quand il est établi un autre gardien que le garde champêtre, il lui est alloué par jour, dans tout l'empire, 1 fr. 25 c. *Tarif, art.* 45.

ARTICLE III.

Des Placards.

En expliquant la manière dont la vente des meubles saisis-exécutés doit être rendue publique, nous avons fait connaître ce qu'on entend par placards, et nous en avons donné un modèle. Le même moyen est employé pour annoncer la vente des fruits saisis.

Des placards doivent être apposés huitaine au moins avant la vente. Il doit en être affiché au moins quatre exemplaires, savoir : un à la porte du saisi ; un autre à la porte de la maison commune ; s'il n'y en a pas, le placard se pose à l'endroit où l'on affiche les actes de l'autorité publique. Un troisième placard est mis dans le marché du lieu, et, s'il n'y en a pas, dans le marché le plus voisin ; enfin, un quatrième est placé à la porte de l'auditoire de la justice de paix du canton. *Art.* 629.

Les placards doivent énoncer le jour, l'heure et le lieu de la vente ; les noms et la demeure tant du saisi que du saisissant ; la quantité d'hectares pour chaque espèce de fruits ; enfin, la commune où les terres sont situées, sans autre désignation. *Art.* 630.

Le procès verbal d'apposition des placards se fait comme il est prescrit lorsqu'il s'agit d'une saisie-exécution, c'est-à-dire, par un exploit auquel est annexé un exemplaire du placard. *Art.* 631.

Sur la question de savoir si la vente doit être annoncée dans le journal du pays, quand il y en a un, on répond affirmativement ; car l'*art.* 634 veut qu'on suive toutes les formalités prescrites au titre *des Saisies-exécutions.*

La taxe des placards, du procès verbal de leur apposition, et de l'insertion au journal est la même que celle qui a lieu pour ces mêmes actes, en saisie-exécution.

ARTICLE IV.

De la Vente des Fruits.

La vente des fruits pendans par racines peut se faire un jour de dimanche ou de marché. *Art.* 632. Quand elle a lieu le dimanche, ce doit être aux heures où l'office divin n'est pas célébré.

C'est sur les lieux mêmes, où sont encore pendans les fruits saisis, ou bien sur la place de la commune, dans laquelle est située la majeure partie des terres brandonnées, que la vente doit être effectuée. *Art.* 633.

On peut aussi faire la vente sur le marché de la commune, et, s'il n'y en a pas, sur le marché le plus voisin. *Ibid.*

Les circonstances déterminent à choisir le jour et le lieu, selon que la vente en doit être plus avantageuse. Comme il est de l'intérêt du saisi, autant que du saisissant et des opposans, s'il y en a, de prendre les moyens de faire élever le prix de la vente le plus haut qu'il est possible, s'il s'élève entre les parties quelques difficultés au sujet du jour ou du lieu de la vente, il en est référé au président du tribunal.

Après avoir réglé ce qui est particulier à la saisie-brandon, la loi dit que, pour le surplus, il faut se conformer à ce qu'elle prescrit pour la saisie-exécution. *Art.* 634.

De là il suit que, s'il est formé des obstacles, soit de la part du saisi, soit de la part des tiers, il faudra, pour les vaincre, observer les formalités expliquées dans le chapitre précédent.

Pareillement, pour les difficultés qui s'élèvent entre les parties, elles doivent être soumises à l'autorité judiciaire du lieu de la saisie, de la manière qu'on l'a dit en parlant de la saisie-exécution.

On doit dire la même chose de la forme du procès verbal de vente et de sa taxe, de l'adjudication des objets au plus offrant et dernier enchérisseur, du paiement au comptant, de la responsabilité de l'officier chargé de la vente; de la nécessité de faire mention des noms et demeures des adjudicataires, ainsi que de la comparution ou absence de la partie saisie ; enfin tout ce qui est prescrit pour la vente des meubles, il faut l'observer pour la vente des fruits pendans par racines.

Celui à qui ils ont été adjugés en devient propriétaire incommutable ; il a le droit de les récolter. A cet effet on ne peut l'empêcher de venir sur l'héritage avec des ouvriers et des voitures, selon l'usage du pays.

Si le prix des fruits, pendans par les racines sur une partie des terres, suffisait pour satisfaire aux causes de la saisie, il ne serait pas permis de procéder à la vente du surplus ; et le saisi aurait le droit d'indiquer les portions qu'il faudrait vendre. C'est ici l'application d'une disposition portée pour la vente des effets mobiliers.

Quand la vente des fruits pendans par les racines est effectuée, la distribution du prix s'en fait entre les parties intéressées, comme en toute autre saisie-mobilière : l'*art.* 635 dit qu'on observe les formalités prescrites au titre de la *Distribution par contribution.*

CHAPITRE IV.

De la Saisie des Rentes sur Particuliers.

Ce chapitre sera divisé en sept articles : le premier expliquera ce que c'est que la saisie des rentes sur particuliers ; le second, les formalités de cette saisie ; le troisième, en quoi consistent les placards et les annonces pour la vente des rentes ; le quatrième, ce que c'est que l'enchère, les publications et l'adjudication des rentes ; le cinquième, comment se distribue le prix de leur vente ; le sixième, dans quel tribunal on doit procéder à la saisie des rentes ; le septième contiendra des modèles de procédure pour cette espèce de saisie.

ARTICLE I.er

Ce que c'est que la Saisie des Rentes sur Particuliers.

Une rente est un objet certain qui, quoique incorporel, peut être saisi et vendu comme tout meuble corporel. Quand la France était divisée en contrées diverses, régie par autant de lois différentes, les unes considéraient les rentes comme immeubles; dans les autres, elles étaient classées parmi les biens meubles. Là, on ne pouvait donc les vendre qu'avec les formalités prescrites pour les immeubles réels; tandis qu'ailleurs on suivait les règles établies pour la vente des meubles, avec la simple précaution de faire précéder cette vente par trois publications.

Par le Code civil, qui est commun à toute la France, il est décidé que les rentes constituées sont aujourd'hui mobilières, et ne sont pas susceptibles, par conséquent, d'être frappées d'hypothèques. La contrainte que le créancier exerce sur les rentes de son débiteur, pour les faire vendre, est donc purement mobilière.

Pour bien entendre la saisie des rentes, il ne faut pas confondre le *corps de la rente* avec ses *arrérages.* Le droit qui établit quelqu'un créancier d'une rente, dont une autre personne est le débiteur, se nomme le *corps de la rente.* Les prestations annuelles que le débiteur de la rente paye au créancier, sont les *arrérages*.

Lors donc qu'on saisit une rente, c'est le corps de la rente qu'on met sous la main de justice, pour être vendu; on pourrait donc appeler cette contrainte exercée contre des rentes, la *saisie-exécution des rentes*.

Quant aux arrérages, ce sont des deniers qui, tant qu'ils ne sont pas acquittés, peuvent être saisis-arrêtés entre les mains du débiteur de la rente. Tout ce qu'on a dit relativement à la saisie-arrêt, convient donc aux arrérages de rentes; comme les principes établis pour la saisie-exécution sont applicables à la saisie du corps de la rente, sauf quelques modifications exigées par la nature de cette sorte de bien, et qui forment, dans le nouveau Code, l'objet d'un titre particulier.

Cependant la saisie du corps de la rente, ressemble à la saisie-arrêt, en ce que l'objet saisi sur le débiteur poursuivi est entre les mains d'un tiers; voilà pourquoi les procédures pour les rentes tiennent de l'une et de l'autre saisie, comme on va le voir. A cause de l'importance de cette sorte de bien, la rente, quand elle est saisie, est traitée pour les formalités de l'adjudication, comme immeuble; en sorte qu'elle a aussi un rapport avec la saisie immobilière. Demandera-t-on pourquoi le Code ne parle que des rentes dues par des particuliers? c'est que les rentes sur l'État sont, par une loi spéciale, déclarées insaisisables.

ARTICLE II.

Formalités de la Saisie des Rentes.

Trois paragraphes divisent cet article; le premier parle du procès verbal de saisie; le second, de la déclaration du tiers saisi; et le troisième, de la dénonciation de la saisie.

§. Ier.

Du Procès verbal de la Saisie des Rentes.

La saisie d'une rente étant une contrainte qui conduit directement à la vente, elle ne peut être faite qu'en vertu d'un titre exécutoire, et pour dette liquide. Par la même raison, il est nécessaire qu'elle soit précédée d'un commandement fait au moins un jour franc d'avance, à la personne ou au domicile de celui à qui appartient la rente; en même temps le titre du poursuivant doit être notifié, si déjà la signification n'en a pas été faite. *Art.* 636. Voyez ci-dessus ce que nous avons dit sur ce commandement préalable; et le modèle qui en a été donné au chapitre des *Saisies-exécutions.*

La saisie de la rente se fait par un exploit signifié au débiteur de la rente; outre les formalités ordinaires, aux ajournemens, cet acte doit contenir , à peine de nullité , 1°. l'énonciation tant du titre constitutif de cette rente , que du capital et de la redevance annuelle ; 2°. l'énonciation du titre exécutoire en vertu duquel la saisie est faite ; 3°. les noms, profession et demeure de la partie saisie à qui appartient la rente ; 4°. une élection de domicile de la part du saisissant, chez un avoué près du tribunal devant lequel la vente doit être poursuivie ; 5°. assignation au tiers saisi , pour faire déclaration devant le tribunal. *Art.* 637.

Quest. I. Faut-il, pour la saisie des rentes, que l'huissier soit assisté de témoins, comme dans la saisie-exécution? La loi ne le prescrit pas ; et en effet, cette formalité est inutile ; il n'est pas à craindre que l'huissier, dans une saisie de rente, puisse être accusé d'avoir distrait aucun objet, ni même de s'être concerté avec la partie saisie.

§. II.

De la Déclaration du Débiteur de la Rente.

Le débiteur de la rente, auquel assignation est donnée par l'exploit de saisie, doit comparaître, pour faire sa déclaration, dans les délais réglés pour les ajournemens.

Si ce débiteur n'est point demeurant en France, sur le continent, l'exploit sera-t-il remis au procureur impérial, comme il est dit pour les assignations données en pareil cas, dans les contestations ordinaires ? Non : il est toujours nécessaire que l'assignation au tiers saisi soit donnée à personne ou domicile, même quand il n'habite pas le territoire français. *L'art.* 639, qui le décide ainsi, ajoute que les délais dans lesquels le tiers saisi doit comparaître sur cette assignation, sont les mêmes que ceux accordés par *l'art.* 73, titre des *Ajournemens,* à ceux qui demeurent hors de la france continentale. Si on demande comment on doit s'y prendre pour signifier régulièrement une pareille assignation, nous renverrons au chapitre de la *Saisie-arrêt,* article III. §, I*r*. Question III, page 36 : on y parle de la forme à suivre pour faire la saisie-arrêt entre les mains du tiers qui demeure en pays étranger : c'est le même cas que celui où il faut signifier la saisie d'une rente avec assignation au tiers qui doit cette rente, et qui demeure hors de France.

En mettant le corps de la rente sous la main de justice, il est naturel de penser que le poursuivant veut aussi les arrérages pour sûreté de ce qui lui est dû. A cet effet, fera-t-il séparément une saisie-arrêt pour s'en assurer ? cette procédure accessoire est inutile : la loi décide que la saisie de la rente vaut toujours saisie-arrêt des arrérages échus et à échoir, jusqu'à la distribution du prix. *Art.* 640.

Cette disposition fait sentir que l'ajournement donné par l'exploit de saisie au débiteur de la rente, a pour but de lui faire déclarer combien il doit d'arrérages à la partie saisie : tout ce qui a été dit au chapitre de la *Saisie-arrêt*, concernant la déclaration exigée du tiers saisi, est donc applicable au débiteur de la rente. *Art.* 658.

En conséquence, celui-ci fait au greffe du tribunal qui doit connaître de la saisie, ou devant le juge de paix de son domicile sa déclaration, et l'affirme en personne, ou par un fondé de pouvoir : celui qui demeure en pays étrangers n'a pas la ressource de faire sa déclaration devant un juge de paix ; il doit donc, ou venir en personne, ou envoyer une procuration contenant ce qu'il faut déclarer en son nom. La déclaration énonce le montant de ce qui est dû d'arrérages, et les saisies dont la rente ou les arrérages pourraient déjà avoir été frappés.

Pareillement, les pièces justificatives sont annexées à sa déclaration, et, comme elle, restent déposées au greffe ; l'acte de dépôt est ensuite signifié au saisissant par un simple acte contenant constitution d'avoué.

Les nouvelles saisies-arrêts qui surviennent, sont dénoncées à l'avoué du premier saisissant, par extrait contenant les noms et les domiciles élus des nouveaux saisissans, ainsi que les causes de leurs saisies.

Si la déclaration du tiers saisi n'est pas contestée, il ne peut plus être fait d'autre procédure ni de sa part, ni contre lui.

En un mot, pour tout ce qui concerne les formes et les effets de la déclaration dont il s'agit, voyez ce qui a été dit à ce sujet en parlant de la saisie-arrêt.

Quand le débiteur de la rente ne fait pas sa déclaration, ou s'il la fait tardivement, ou lorsqu'il ne l'accompagne pas des justifications nécessaires, il s'expose à être condamné à servir la rente, ou à des dommages-intérêts, résultans soit de son silence, soit du retard qu'il a occasionné, soit de la procédure à laquelle il a donné lieu, selon les circonstances. *Art.* 638.

§. III.

De la Dénonciation de la Saisie des Rentes, et de la Concurrence entre plusieurs Saisissans.

Comme la saisie d'une rente se fait nécessairement entre les mains de celui qui la doit, il faut que la partie à qui la rente est due, en soit prévenue par une dénonciation qui lui est faite du procès-verbal, dans les trois jours à compter de sa date. *Art.* 641.

A ce délai on ajoute un jour par trois myriamètres, à raison de la double distance qu'il y a du domicile du saisissant à celui de la partie saisie, et celui du débiteur de la rente. *Ibid.*

Ainsi, un habitant de Rouen doit une rente à un habitant d'Amiens; celui-ci est condamné, par jugement, à payer une somme à un habitant de Paris. En vertu de ce jugement, la rente est saisie par exploit signifié à Rouen, le premier avril. La dénonciation doit être faite, au plus tard, le quinze du même mois, à la partie condamnée. Ce délai se compose des trois jours prescrits par la loi, d'une augmentation de cinq jours, à cause des douze myriam. huit kilom. qu'il y a de Paris à Amiens, et de cinq jours pour les treize myriam. sept kilom. de Paris à Rouen. Ces trois délais forment un total de treize jours; en sorte que, ne comptant pas le jour d'où commence à courir le délai, ni le jour où il expire, suivant la règle générale, le délai pour faire la dénonciation, finira le quinze du mois.

Cette dénonciation doit aussi indiquer le jour où se fera la première publication de la vente. *Ibid.*

On verra bientôt que les rentes ne se vendent qu'après trois publications.

Faute de faire la dénonciation, ou de la faire dans les délais fixés, ou faute d'y observer les formalités prescrites, la saisie devient nulle : le débiteur de la rente, après le délai expiré sans dénonciation, peut payer valablement les arrérages. *Ibid.*

Le délai pour la dénonciation, ne peut courir, à compter du jour de la saisie, que quand elle est faite en France; parce qu'autrement le calcul des distances devient impossible à faire légalement ; lors donc que le débiteur de la rente est domicilié hors du continent français, le délai, que nous venons d'expliquer, court seulement du jour de l'échéance de l'assignation donnée au tiers saisi. *Art.* 642.

Ainsi, une rente est due à un habitant de Bruxelles, par un négociant de Hambourg. Une personne de Paris fait saisir la rente. L'exploit de saisie doit être signifié au domicile du débiteur de la rente, à Hambourg. Si cette ville était en France, il faudrait que la saisie fût dénoncée au propriétaire de la rente, à Bruxellss, dans les trois jours de sa date, outre un jour pour trois myriamètres des distances. Mais, Hambourg étant une ville étrangère, le délai de trois jours pour faire la dénonciation, ne courra que du jour où échoira l'asssignation donnée au tiers saisi, parce que le même délai donné au tiers saisi, pour faire sa déclaration, est nécessaire au saisissant, pour retirer l'original de cette saisie. C'est donc quand cet original lui est parvenu, que court le délai de trois jours, auquel il faut ajouter l'augmentation proportionelle, pour la distance qu'il y a du domicile du saisissant, à celui du propriétaire de la rente auquel doit être fait la dénonciation de la saisie.

Au reste, il n'est pas nécessaire d'user du délai accordé pour la dénonciation ; rien n'em-

pêche de la faire aussitôt que la saisie est en
règle, et que l'original de l'exploit qui la contient est revenu à la disposition du saisissant. Il
est même utile de se hâter; car, si la rente avait
été saisie par plusieurs créanciers, la poursuite
appartiendrait à celui qui, le premier, aurait
fait sa dénonciation. *Art.* 653.

En cas de concurrence dans la date de la dénonciation, on donne la préférence à celui qui
a le titre de créance le plus ancien. Enfin, si
les deux titres étaient de même daté, la poursuite serait faite par le créancier dont l'avoué
serait le plus ancien. *Ibid.*

On voit par là que, s'il n'est pas nécessaire,
pour la validité de la dénonciation, d'y exprimer l'heure où elle est faite, c'est au moins une
précaution utile; puisqu'en cas de concurrence,
le rôle du poursuivant est donné à celui qui,
le premier, a dénoncé.

ARTICLE III.

Des Placards et Annonces.

Un des moyens de faire connaître au public
la vente d'une rente, est de l'afficher et de l'annoncer.

A cet effet, dans la huitaine qui suit la dénonciation de la saisie, le poursuivant remet au
greffe du tribunal du domicile de la partie saisie,
un acte contenant les renseignemens qui peuvent

servir à faire connaître la rente qu'il s'agit de vendre. *Art.* 644.

Si, par des circonstances particulières, cette remise ne pouvait pas se faire dans la huitaine qui suit la dénonciation de la saisie, il faudrait toujours qu'elle précédât de huit jours au moins la première publication. *Ibid.*

L'acte remis au greffe du tribunal du domicile de la partie saisie, est l'extrait du cahier des charges : on saura donc précisément en quoi consiste cet extrait, quand on connaîtra ce que doit contenir le cahier des charges. Nous l'expliquerons dans l'article suivant.

Cet extrait est aussitôt inséré, par le greffier, dans un tableau placé à cet effet dans l'auditoire du tribunal, où il reste jusqu'à l'adjudication définitive de la rente. *Ibid.*

Huitaine au moins avant la première publication dont on parlera bientôt, pareil extrait doit être placardé au nombre de quatre exemplaires ; 1°. à la porte de la maison de la partie saisie ; 2°. à celle du débiteur de la rente ; 3°. à celle du tribunal ; 4°. dans la place principale du lieu où la vente se poursuit. *Art.* 645.

Un autre mode d'annoncer la vente d'une rente, par autorité de justice, consiste à insérer l'extrait du cahier des charges dans l'un des journaux qui s'impriment dans la ville où se poursuit la vente, c'est-à-dire, où siège le tribunal devant lequel se doit faire la vente ; et, à défaut de journal dans cette ville, on se sert de l'un des journaux imprimés dans le département, s'il y en a. Lorsque, dans le département, il ne s'imprime aucun journal, on est dispensé de cette formalité. *Art.* 646.

L'apposition des placards et l'annonce dans les journaux sont constatées comme il est prescrit pour les saisies immobilières. En effet, à l'égard de la vente d'une rente saisie, la loi, pour avertir le public, et par conséquent pour amener des enchérisseurs, prend les mêmes précautions que pour un immeuble. *Art.* 647.

Ainsi, conformément à ce que nous verrons pour les placards et les annonces au chapitre de la *Saisie immobilière*; 1°. l'huissier dresse procès verbal de l'apposition, et y annexe un exemplaire des placards ; 2°. il atteste simplement que les placards ont été posés dans les lieux désignés par la loi, sans les détailler ; 3°. ni l'original des placards, ni le procès verbal, né peuvent être grossoyés sous aucun prétexte : par conséquent, les copies qui en peuvent être délivrées, sont en écriture dite *expédiée*; 4°. l'original de ce procès verbal est visé par le maire ou l'adjoint de chaque commune où il a été apposé des placards ; 5°. enfin, copie du procès verbal et du placard est signifiée à la partie saisie.

A l'égard de l'annonce dans l'un des journaux,

elle est justifiée par un exemplaire de la feuille où elle est insérée ; au bas de cet exemplaire, l'imprimeur met sa signature, laquelle est ensuite légalisée par le maire de sa commune.

ARTICLE IV.

Du Cahier des Charges, des Publications et Adjudications.

Huitaine après que la vente d'une rente saisie a été annoncée et placardée, comme on vient de le dire, et par conséquent quinzaine après que la dénonciation a été faite de la saisie, le poursuivant remet le cahier des charges au greffe du tribunal du domicile de la partie à qui appartient la rente saisie. *Art. 643.*

Le cahier des charges est un acte contenant, 1°. les noms, professions et demeures du saisissant, de la partie saisie et du débiteur de la rente ; 2°. la nature de la rente, la quotité du capital et de la prestation annuelle ; 3°. la date et l'énonciation du titre par lequel elle est constituée ; 4°. l'énonciation de l'inscription hypothécaire, si aucune a été prise pour sûreté de la rente ; 5°. les noms et la demeure de l'avoué du créancier poursuivant ; 6°. les conditions auxquelles la rente doit être vendue ; 7°. enfin, la mise à prix, c'est-à-dire, le prix auquel le poursuivant estime que la rente doit être adjugée. *Ibid.*

Observez que cette mise à prix emporte, de la

part du poursuivant, l'engagement de rester adjudicataire de la rente au prix par lui fixé, s'il ne se présente pas d'enchérisseurs. Cette obligation est imposée au poursuivant, en cas de vente d'immeuble ; d'où nous concluons qu'elle est de même contractée par celui qui poursuit la vente d'une rente, puisqu'il y a, dans l'une et l'autre procédure, une mise à prix.

A la première audience consacrée à l'adjudication des objets à vendre en justice, et qui suit le jour où le cahier des charges est remis au greffe, le président le fait lire à haute voix. Cette formalité se nomme *publication*.

Huitaine après la première, une seconde publication se fait à l'audience, dans la même forme. S'il se présente alors des enchérisseurs, on les reçoit ; mais, l'adjudication qui en résulte n'est que préparatoire, et sous la condition que, lors de la troisième publication, il ne sera pas fait des offres plus avantageuses. Cette troisième publication a lieu le jour que le tribunal a fixé par l'adjudication préparatoire. *Art.* 648.

Quelle que soit l'époque de la troisième publication, elle doit être de nouveau annoncée au moins trois jours francs d'avance, par placards et par le journal, dans la même forme qu'on a expliquée plus haut. *Art.* 650.

Lors de cette troisième publication, si aucune enchère ne se présente, celui à qui l'adjudica-

tion préparatoire a été faite devient définitivement propriétaire de la rente. Quand il est fait de nouvelles offres, la rente est définitivement adjugée à celui dont l'enchère est la plus élevée.
Art. 649.

La vente des rentes se fait à l'audience, c'est-à-dire, par le tribunal entier, et non par un juge commis, ce qui n'a lieu que pour vendre des biens de mineurs ou par licitation. Il est convenable d'indiquer des audiences particulièrement consacrées à la vente des rentes et des immeubles. Ce qui s'y passe consiste ou en des jugemens rendus sur les difficultés qui sont soumises au tribunal, ou en publications, réception d'enchères, et adjudications : les jugemens des contestations sont portés sur la feuille d'audience ; mais ce qui constate les formalités des publications, des enchères, et des adjudications, soit préparatoire, soit définitive, se met, par le greffier, à la suite du cahier des charges, et y est signé par le président et le greffier, comme la feuille d'audience. Cette forme est prescrite pour les ventes d'immeubles ; elle doit donc être suivie pour les rentes, qui sont vendues de même à l'audience.

Toute personne capable d'acquérir peut se rendre adjudicataire, excepté le saisi, les personnes notoirement insolvables, et les membres du tribunal où la vente se poursuit. *Voyez*, au surplus, ce qui est dit à ce sujet au titre de la *Saisie immobilière.*

Au reste, les avoués sont responsables de l'exécution de cette disposition, parce qu'eux seuls peuvent mettre des enchères; elles ne sont reçues que par leur ministère; ils ne doivent donc pas se charger d'enchérir pour les personnes à qui la faculté en est refusée par la loi. *Art.* 651.

La partie saisie, qui aurait des moyens de nullité à proposer, doit les faire connaître avant l'adjudication préparatoire; car, dès qu'elle est prononcée, elle couvre toutes les nullités de la procédure qui la précède. *Art.* 654.

A l'égard de la procédure qui suit l'adjudication préparatoire, elle peut être attaquée jusqu'à l'adjudication définitive, après laquelle les procédures qui l'ont précédée ne peuvent plus être arguées de nullité. Néanmoins, quand l'adjudication définitive elle-même est viciée, on est fondé à en demander la nullité.

Nous ne dirons rien ici de la forme dans laquelle les enchères sont reçues, au feu de bougies, parce qu'il en est suffisamment parlé au chapitre des *Saisies immobilières*, où nous renvoyons, non seulement pour cette circonstance, mais encore pour toutes celles qui sont applicables à la vente des rentes.

C'est ainsi que, pour l'adjudication des rentes, il faut observer les formalités prescrites pour

celle des immeubles, en ce qui concerne le jugement d'adjudication, l'acquit des conditions et
du prix, et la revente sur folle enchère. *Art.* 652.

A R T I C L E V.

De la Distribution du Prix des Rentes.

Le prix auquel une rente a été vendue doit
servir à payer les créanciers qui prétendent y
avoir droit, c'est-à-dire, celui qui a fait saisir,
et ceux qui ont formé opposition au prix de la
vente. Quand il n'y a de créancier que le poursuivant, tout le prix de la vente, après les frais
payés, lui appartient jusqu'à concurrence de ce
qui lui est dû; le surplus, s'il y en a, est remis au
débiteur saisi, à qui la rente vendue appartenait.

Mais plusieurs créanciers se sont-ils montrés?
tous, après ceux qui sont privilégiés, ont un droit
égal, tant sur le prix auquel a été adjugé le corps
de la rente, que sur les arrérages qui se trouvent
échus lors de la distribution. Afin de régler entre
eux, à l'amiable, cette distribution des deniers,
il leur est accordé un mois après l'adjudication.

Si, pendant ce délai, ils ne se sont pas mis
d'accord, le créancier le plus diligent requiert
qu'il soit nommé par le président un commissaire
pour procéder à la contribution. Cette réquisition, et tout ce qui en est la suite, se fait, comme
le dit l'*art.* 655, en observant les formalités pres-

crités par le Code au titre de la *Distribution par contribution* ; nous en parlerons au chapitre VIII.

Le même article ajoute que cette manière de procéder à la distribution a lieu sans préjudice des hypothèques établies antérieurement à la loi, qui a déclaré que les rentes n'en sont pas susceptibles.

Pour comprendre cette disposition, il faut se rappeler que, dans le ressort de plusieurs coutumes, les rentes constituées étaient considérées comme des immeubles ; par conséquent, elles étaient assujéties au régime hypothécaire. On pouvait donc avoir des créances hypothéquées sur des rentes, comme sur des immeubles réels. Une loi du onze brumaire an sept a d'abord déclaré que les rentes à l'avenir ne pourraient plus être affectées d'hypothèques ; ensuite, le Code civil a définitivement classé les rentes parmi les biens meubles. Le prix auquel est vendue une rente, est donc aujourd'hui considéré comme le prix de tout autre objet mobilier ; en conséquence, il doit être distribué par contribution.

Néanmoins, comme le Code civil et la loi du onze brumaire an sept n'ont point d'effets rétroactifs, les hypothèques, antérieurement établies sur des rentes qui subsistent encore, doivent être respectées. Par conséquent, le prix de ces rentes, quand elles sont vendues, est distribué par ordre d'hypothèques, entre les créanciers hypothécaires, dans la forme qu'on expliquera au chapitre qui traite de cette matière ; le surplus du prix, s'il y en a après l'acquittement des créances hypothécaires, se partage par contribution entre les autres créanciers. *Ibid.*

ARTICLE VI.

Dans quel Tribunal est vendue la Rente saisie.

On voit par l'art. 643 que le cahier des charges doit être déposé au greffe du tribunal dans le ressort duquel demeure le propriétaire de la rente. Ainsi, le principe général est ici observé ; c'est au tribunal de son domicile que le défendeur, c'est-à-dire le débiteur saisi, doit être traduit ; c'est devant le même tribunal que le tiers saisi doit être assigné en déclaration ; c'est enfin par ce même tribunal que la vente est adjugée.

Quest. I. Quand le débiteur, c'est-à-dire le propriétaire de la rente, est domicilié en France, rien n'est plus facile que de se conformer à cette règle de compétence. Mais, si ce débiteur poursuivi demeurait dans un pays étranger, comment faudrait-il procéder ?

Une question semblable a été traitée au chapitre de *la saisie-arrêt* ou *opposition*, article III, §. II, quest. I. On y examine quel est le tribunal compétent, lorsque le débiteur saisi habite hors de France ; c'est absolument le même cas que celui dont il s'agit, et par conséquent on doit se décider dans l'un et l'autre par les même raisons.

Quest. II. Nous avons expliqué ce qui a lieu quand le débiteur saisi, ou bien le tiers saisi habite hors du continent français; on sent aussi qu'il n'y aurait aucun embarras, si le créancier seul était un étranger : il serait tenu de se conformer en tout au Code judiciaire, et de procéder devant le tribunal du domicile de son débiteur. Mais il peut arriver encore que le créancier et le débiteur soient étrangers, tandis que la rente serait constituée sur un Français; ou que le créancier et le tiers saisi soient étrangers, le débiteur poursuivi demeurant seul en France; ou enfin que le débiteur et le tiers saisi demeurent en pays étranger, et que le créancier seul soit Français. On demande comment il faut procéder dans ces trois cas différens?

1°. Si un créancier étranger avait pour débiteur un autre étranger à qui il ait été constitué une rente sur un particulier demeurant en France, la saisie de la rente serait faite entre les mains de ce dernier, dans la forme prescrite par le Code judiciaire; car le Français ne peut connaître d'autre autorité judiciaire que celle de France : c'est un principe de droit public, qui ne peut être révoqué en doute, et qui est confirmé par la disposition de l'art. 546. De là il suit que celui qui doit la rente ne peut pas être assigné pour faire sa déclaration devant un tribunal situé hors de France;

par conséquent, c'est au tribunal de son domicile qu'il faudra le traduire. D'un autre côté,
rien ne peut être fait légalement contre lui, si
l'on ne procède conformément au Code judiciaire ; il est donc nécessaire que le propriétaire
de la rente soit également appelé au même tribunal par la dénonciation de la saisie, et par l'indication du jour de la première publication, ainsi
que le veut l'*art.* 641. Les délais accordés à ce
propriétaire de la rente pour venir à la première
publication sont ceux indiqués par l'*art.* 73, et
la manière de lui faire parvenir l'exploit est déterminée par l'*art.* 69, §. 9. C'est, en effet, à la
loi du pays dans lequel il procède que doit se
conformer l'étranger poursuivant.

Cependant, après avoir saisi la rente conformément au Code judiciaire, le créancier pourrait
en suivre la vente dans le pays de son débiteur.
Alors il faudrait assigner devant ses juges celui
qui doit la rente, afin d'y faire donner force exécutoire contre lui, à l'adjudication prononcée
en pays étranger.

2°. Dans le cas où le créancier et le tiers saisi
sont étrangers, le propriétaire de la rente étant
seul en France, quelle que fût la procédure faite
devant le tribunal du domicile de ce dernier, il
n'en résulterait aucune contrainte contre le tiers
saisi ; car il pourrait méconnaître une autorité judiciaire qui ne s'étend pas au pays qu'il habite.

Le créancier pourra procéder sur la saisie de la rente, conformément aux lois sous l'empire desquelles vit celui par qui elle est due.

Néanmoins on peut aussi poursuivre la vente devant les juges du débiteur Français; sauf à faire déclarer l'adjudication exécutoire contre l'étranger qui doit la rente, en suivant les formes usitées dans son pays.

3°. On ne sera pas plus embarrassé, si le créancier seul est Français, le propriétaire de la rente, ainsi que le tiers saisi qui la doit étant tous deux étrangers : il s'agit principalement, en pareille circonstance, de forcer celui par qui est due la rente à en faire le service annuellement à la personne qui s'en rendra adjudicataire. Il devient donc essentiel d'invoquer une autorité capable de contraindre ce tiers saisi; par conséquent, il faut le traduire devant des juges de sa nation, soit pour vendre, soit pour y faire déclarer exécutoire la vente prononcée dans le pays du débiteur.

ARTICLE VII.

Modèles pour la Saisie des Rentes sur Particuliers.

§. Ier.

Exploit de Saisie, et Dénonciation.

« L'an mil huit cent cinq, le huit janvier, à la requête du sieur Jacques T...., libraire, demeurant à Paris, rue du Coq, n°. 9; en continuant les poursuites commencées par le commandement signifié le six de ce mois, par exploit de N..., huissier, au sieur Pierre B...., marchand corroyeur, demeurant à Beauvais, département de l'Oise, rue du Cerf, en vertu d'une obligation par lui souscrite, de la somme de trois mille francs, au profit du requérant, par acte passé devant notaires, à Paris, le vingt décembre de l'an mil sept cent quatre-vingt-dix-neuf, et échue le vingt juillet dernier; moi, Jean A..., huissier-audiencier au tribunal civil de Pontoise, département de Seine et Oise, y demeurant, rue du Cimetière, faute par ledit sieur B... d'avoir satisfait audit commandement, en payant le montant de ladite obligation échue, j'ai saisi et mis sous la main de la justice, une rente de six cents francs, constituée au principal de douze mille francs, au profit dudit sieur B..., par acte passé devant notaires, à Beauvais, le dix-huit juin mil huit cent trois, et due par le sieur Noël M..., faïencier, demeurant à Pontoise, rue du Bois-Coupé.

» Je lui ai fait défense de se dessaisir, au profit de qui que ce soit, des arrérages échus et à échoir de ladite rente, jusqu'à ce qu'il en ait été autrement ordonné par justice, à peine de payer deux fois, et de répondre de toutes pertes, dépens, dommages-intérêts.

» J'ai en outre assigné ledit sieur M.... à comparaître, dans le délai de huitaine, augmenté d'un jour par trois myriamètres de distance, au tribunal civil de Beauvais, pour y faire sa déclaration dans les formes prescrites par la loi.

» A l'effet du présent acte de saisie, le requérant a élu domicile à Beauvais chez M⁰. D..., avoué, qui occupera pour lui.

» Copie du présent exploit a été, par moi, présentée au domicile dudit sieur M...; et, n'ayant trouvé personne à qui le laisser, je l'ai remise à M. le maire de Pontoise, qui a visé l'original.

» Le coût du présent exploit est de...... Signé A..., huissier.

» Visé par nous, maire de Pontoise, le présent original, dont copie nous a été laissée. Fait à Pontoise, ce huit janvier mil huit cent cinq.

» *Signé* E..., maire. »

La taxe de cet exploit est pour Paris, Lyon, Bordeaux, Rouen et Bruxelles, de 4 francs;

Pour les autres villes ayant cour d'appel, ou population de plus de 30,000 âmes, un dixième de moins, ci 3 fr. 60 c.

Partout ailleurs, 3 francs.

La copie de cet exploit est taxée le quart de l'original. *Tarif, art:* 46; *Déc. art.* 2 et 3.

Pour dénoncer la saisie, après avoir copié

l'exploit de saisie , on dresse à la suite l'acte de dénonciation comme il suit :

« L'an mil huit cent cinq , le dix - sept janvier , à la requête du sieur Jacques T........, libraire, demeurant à Paris, rue du Coq, n°. 9 ; moi, Nicolas S........, huissier, reçu au tribunal de première instance de Beauvais, y demeurant, rue du Tambour, j'ai dénoncé et laissé copie au sieur Pierre B......, marchand corroyeur, demeurant à Beauvais, rue du Cerf, de la saisie faite par exploit de A......, huissier, en date du huit de ce mois, entre les mains du sieur M......, marchand faïencier à Pontoise, département de Seine et Oise, d'une rente de six cens francs, constituée au principal de douze mille francs par ledit sieur M......, au profit dudit sieur B...... ; suivant un acte passé devant notaires, à Beauvais, le dix-huit juin mil huit cent trois. Je lui ai déclaré que la première publication , pour la vente de la rente saisie , se fera à l'audience des criées du tribunal de Beauvais, le cinq du mois prochain, où il est sommé de se trouver, si bon lui semble, protestant qu'il y sera procédé tant en absence que présence, à la diligence de Me. D....., avoué, qui occupera pour le requérant.

» Copie du présent exploit, et de celui de saisie, transcrit ci-dessus, a été par moi laissée audit sieur B......, en parlant à sa personne que j'ai trouvée à Beauvais, dans la Grande Rue.

» Le coût du présent acte est de . . . . . »

» *Signé* S....., huissier ».

La taxe de cette dénonciation est la même que celle de la dénonciation d'une saisie immobilière, c'est-à-dire, à Paris, Lyon, Bordeaux, Rouen et Bruxelles, 2 fr. 50 cent.

Dans les autres villes, où il y a soit Cour d'appel, soit population de plus de 30,000 ames, un dixième de moins, ci 2 fr. 25 cent.

Partout ailleurs, 2 fr. *Tarif, art.* 49; *Déc.*, art. 2 et 3.

§. II.

Extrait du Cahier des charges, pour être exposé au Tableau de l'Auditoire, être placardé, et être inséré dans les Journaux.

RENTE A VENDRE.

« Six cens francs de rente, constituée au principal de douze mille francs, à vendre, à l'audience des criées devant le tribunal de Beauvais.

» Cette rente a été constituée par acte passé devant notaires, à Beauvais, le dix-huit juin mil huit cent trois, par le sieur Noël M....., marchand faïencier à Pontoise, au profit du sieur Pierre B....., marchand corroyeur à Beauvais, rue du Cerf, en payement d'une somme de douze mille francs due par ledit sieur M..... audit sieur B.....

» Inscription a été prise au bureau des hypothèques de l'arrondissement de Pontoise, pour
sûreté de cette rente, sur une maison sise 'à
Pontoise, et appartenante audit sieur M....

» On peut prendre communication des titres,
au greffe, ou chez M^e. D....., avoué poursuivant,
demeurant à Beauvais, rue de la Calandre.

» La première publication sur première enchère
de huit mille francs, aura lieu le cinq du mois de
février prochain.

» *Signé* D......, avoué.

» Le présent extrait a été remis au greffe, ce
vingt-huit janvier mil huit cent cinq.

» *Signé* Q......, greffier ».

La taxe de cet extrait est, pour l'avoué, la
même que pour pareil extrait en saisie immobilière. *Tarif*, art. 46. Voyez donc ce qui sera
dit à ce sujet dans la section II, chapitre I.

§. III.

*Cahier des Charges remis au greffe, pour faire
la première Publication.*

« M^e. D....., avoué du sieur Jacques T.....,
libraire, demeurant à Paris, rue du Coq, n°. 9,
poursuit la vente d'une rente de six cens francs,
au principal de douze mille francs, par lui saisie
sur le sieur Pierre B....., marchand corroyeur à
Beauvais, département de l'Oise, entre les mains

du sieur Noël M....., marchand faïencier, demeurant à Pontoise, département de Seine et Oise, suivant l'exploit de A......, huissier, en date du huit janvier dernier, pour les causes énoncées en ladite saisie.

» La rente de six cens francs, dont il s'agit, a été constituée au principal de douze mille francs, par acte passé devant M^e. P......, et son confrère, notaires à Beauvais, le dix-huit juin mil huit cent cinq, au profit dudit sieur B......, par ledit sieur M.......

» La somme de douze mille francs, formant le principal de ladite rente, avait été prêtée sur simple billet, par le sieur B....., au père du sieur M..... : celui-ci, comme seul et unique héritier de son père, a souscrit la constitution de rente dont il s'agit, pour remplacer l'obligation sous seing-privé, dont il a trouvé la succession grevée.

» La preuve que le sieur M..... est seul et unique héritier de son père, se voit par l'intitulé de l'inventaire fait après le décès dudit sieur M....., père, devant O.... et son confrère, notaires à Paris, et clos le six juillet mil huit cent deux.

» Une maison sise à Pontoise, et appartenant au sieur M......, ayant été spécialement hypothéquée à cette rente, par le contrat de constitution, ce contrat a été inscrit au bureau des hypothèques de Pontoise, le vingt-deux juin mil huit cent trois.

» Ledit M^e. D....., au nom du poursuivant, enchérit et met à prix ladite rente, à la somme de huit mille francs, sous les charges et conditions suivantes imposées à l'adjudicataire.

» 1°. L'adjudicataire ne jouira de la rente qu'à compter du premier semestre qui suivra son adjudication.

» 2°. Il payera le prix de son adjudication, dans la huitaine, et le déposera au bureau des consignations.

» 3°. Expédition du jugement d'adjudication ne lui sera délivrée qu'en rapportant la reconnaissance du receveur des consignations.

» 4°. Faute de satisfaire au payement dans la huitaine, la rente sera revendue sans retard sur la folle enchère de l'adjudicataire, dans les formes voulues par la loi.

» 5°. Toutes personnes seront reçues à enchérir par le ministère d'avoués.

» On pourra prendre communication des titres ci-dessus mentionnés, qui sont déposés au greffe, avec le présent cahier des charges ; et, pour plus amples renseignemens, on pourra s'adresser audit M^e. D....., avoué poursuivant, demeurant à Beauvais, rue de la Calandre.

» *Signé* D....., avoué.

» Le cahier des charges ci-dessus a été remis

au greffe du tribunal civil de Beauvais, le trois février mil huit cent cinq.

» *Signé* Q....., greffier ».

De ce cahier des charges il n'est fait qu'une grosse, qui est remise au greffe, où est délivré à l'avoué un acte de dépôt. Il en est usé de même à l'égard de l'extrait dont le modèle est au paragraphe précédent.

La taxe du cahier des charges, pour la saisie d'une rente, est la même que celle du cahier des charges pour une saisie immobilière. *Tarif,* art. 46.

On ne donne pas ici d'autres modèles de ce qui concerne la saisie des rentes, parce que tout y est semblable à ce qui concerne la saisie immobilière ; et la taxe en est la même. *Tarif,* art. 46.

CHAPITRE V.

De la Saisie-gagerie.

Ce chapitre est divisé en deux articles, dont l'un explique ce que c'est que la saisie-gagerie, et l'autre la forme et les effets de cette saisie.

ARTICLE I.

Ce que c'est que la Saisie-gagerie.

La saisie-gagerie est un exploit par lequel, après un commandement préalable , le propriétaire ou le principal locataire d'une maison ou d'un bien rural loué ou affermé, soit par bail, soit sans bail, fait saisir les meubles, les effets et les fruits qui se trouvent dans la maison ou sur le bien rural, pour avoir payement des loyers et fermages échus.

En parlant de la saisie-exécution, nous avons vu qu'elle ne pouvait s'exercer qu'en vertu d'un titre exécutoire. A l'égard de la saisie-arrêt, elle n'a lieu que sur les objets qui ne sont pas entre les mains du débiteur à qui ils appartiennent. D'ailleurs, s'il n'est pas besoin d'avoir titre exécutoire pour saisir - arrêter, au moins faut - il avoir un titre quelconque; ou si le saisissant en est privé, il doit se pourvoir de la permission du juge. La saisie-gagerie diffère donc de l'une et de l'autre, en ce qu'elle est un secours accordé par la loi aux propriétaires ou principaux locataires, pour avoir paiement des loyers ou sous-loyers, fermages ou sous-fermages, même quand il n'y a pas de bail, et sans que la permission du juge soit nécessaire.

Cette faveur était établie, par la coutume de Paris, au profit des seuls propriétaires des maisons dans la ville et les faubourgs de Paris. Ils l'exerçaient, non - seulement pour sûreté des loyers échus, mais encore pour avoir paiement de trois années d'arrérages de rentes foncières assises sur les mêmes maisons. Quelques autres coutumes avaient établi aussi un droit de saisie-gagerie. Hors des lieux où ces coutumes l'avaient introduit, on ne pouvait saisir les meubles d'un locataire qu'en vertu d'un titre exécutoire.

Le Code nouveau a reconnu l'utilité de la saisie-gagerie, et l'a consacrée pour toute la France en faveur tant des propriétaires de maisons, que des propriétaires de biens ruraux. Néanmoins, il n'admet la saisie-gagerie que pour le paiement des loyers et fermages ; il ne la permet pas à l'égard des arrérages de rentes foncières. *Article* 819.

La coutume de Paris ne disait pas que les locataires pussent exercer le même droit contre ceux à qui ils avaient sous-loué ; la loi nouvelle, adoptant la jurisprudence qui avait suppléé au silence de la coutume, assimile les principaux locataires de maisons, ou de biens de campagne, aux propriétaires, pour la faculté de saisir-gager. *Ibid.*

Ce droit s'étend, non-seulement sur tous les meubles et effets qui sont dans la maison ou dans la ferme, mais encore sur les fruits, tant ceux récoltés que ceux qui sont pendans par racines. *Ibid.*

La loi va plus loin : elle dit que le propriétaire, ou le principal locataire, peut aussi faire saisir-gager les meubles qui garnissaient la maison ou la ferme, lorsqu'ils ont été déplacés sans son consentement. Quel que soit le lieu où il les a saisis, il conserve sur eux son privilége, pourvu qu'il en ait fait la revendication en temps utile. *Ibid.*

Pour que la revendication conserve le privilége du propriétaire ou principal locataire, il faut qu'elle ait été faite dans la quinzaine s'il s'agit d'une maison, et dans les quarante jours s'il s'agit d'une ferme ; ce délai se compte du jour où les objets mobiliers ont été déplacés sans le consentement du saisissant. *Code civil, article* 2102.

Quest. I. Un propriétaire, ou un principal locataire, a le droit de mettre sous la main de la justice tout ce qu'il trouve, soit dans la maison, soit dans le bien rural par lui donné à loyer ou à ferme. Mais qu'arrive-t-il si le locataire ou fermier a sous-loué ou sous-affermé le tout, ou portion de la maison, ou de la ferme ? Le Code judiciaire décide que les meubles et effets mobiliers des sous-locataires ou sous-fermiers, pourront être saisis-gagés. *Article* 820.

Mais est-il juste que le sous-locataire, ou le sous-fermier qui paye exactement le prix de sa jouissance, soit responsable de l'inexécution des engagemens pris par celui de qui il tient les lieux qu'il occupe ? Il serait trop dur, en effet, que les sous-locataires ou sous-fermiers fussent obligés à une pareille garantie; personne ne voudrait tenir que du propriétaire la jouissance d'un appartement, ou d'une portion de bien rural; ce qui gênerait beaucoup le commerce, et l'exploitation des terres.

C'est pourquoi, le même article qui, par mesure de sûreté, étend la saisie-gagerie jusque sur les sous - locataires et sous - fermiers, dit ensuite qu'ils obtiendront main-levée, en justifiant qu'ils ont payé sans fraude ce qu'ils devaient à celui de qui ils tiennent leur jouissance. Les paiemens par anticipation sont regardés comme faits en fraude, et ne peuvent être opposés par les sous-locataires ou sous-fermiers.

Quest. II. Les sous-locataires ou sous-fermiers répondent-ils de tout ce que doit pour loyer le locataire ou fermier principal? Ou bien, la saisie-gagerie de leurs meubles et effets n'est-elle faite que pour sûreté des portions de maison ou de terres qu'ils occupent?

Il est dans l'équité qu'un sous - locataire ou un sous - fermier ne soit tenu que du prix de sa jouissance partielle. Par la saisie - gagerie, tout ce qu'il en doit est arrêté, soit pour le passé, soit pour l'avenir; il ne peut en disposer au préjudice des droits du saisissant. Pour le passé, il est réputé devoir les termes échus qu'il ne justifie pas avoir payés légitimement. Pour l'avenir, il doit tous les termes pendant lesquels durera sa jouissance, sans qu'il puisse s'en défendre, sous prétexte de paiemens faits par avance.

ARTICLE II.

Forme de la Saisie-Gagerie; ses Effets.

Le propriétaire, ou le principal locataire, est tenu de faire un commandement, au moins un jour avant la saisie-gagerie ; s'il y a urgence, il peut faire saisir-gager à l'instant, sans commandement préalable ; mais alors il doit se munir de la permission du juge. *Art.* 819.

La forme de la saisie-gagerie, dit l'*art.* 821, est la même que celle de la saisie-exécution. Un huissier se présente avec deux témoins, et met sous la main de justice tous les meubles et effets qu'il trouve dans les lieux ; le procès verbal, dressé comme nous l'avons expliqué à la saisie-exécution, n'indique pas le jour de la vente, parce qu'elle n'a lieu qu'après un jugement, ainsi qu'on va bientôt le dire.

On établit un gardien dans la saisie-gagerie, comme en saisie-exécution; mais ce doit être de préférence la partie saisie. La coutume de Paris l'avait ordonné ; mais le Code judiciaire se contente de dire que le saisi pourra être constitué gardien; en sorte, que s'il y avait de bonnes raisons pour ne pas lui laisser la jouissance des objets saisis, la garde en serait confiée à un autre ; les difficultés à ce sujet seraient portées en référé.

Quand la saisie-gagerie frappe sur des fruits pendans par les racines, on y procède, ajoute le même article, dans la même forme que pour la saisie-brandon. Il faut donc voir ce que nous en avons dit au *Chapitre III.*

L'effet d'une saisie-exécution est de faire vendre, en vertu du titre sur lequel elle est fondée, les meubles mis sous la main de justice.

Mais, comme la saisie-gagerie est faite sans titre exécutoire, il est nécessaire qu'elle soit déclarée valable ; c'est donc en vertu d'un jugement que les objets saisis-gagés peuvent être vendus. *Art.* 824.

Le saisissant forme sa demande en validité, dans les formes prescrites pour toutes les espèces de demandes : si la saisie ne tient à aucune contestation, la demande en validité se forme par exploit, comme toute demande introductive d'instance ; on peut aussi la former par le procès-verbal de saisie ; elle est portée devant le juge du lieu où s'est faite la saisie-gagerie. Si la procédure du saisissant était liée à une contestation déjà existante, la demande en validité serait faite par acte d'avoué, comme s'introduisent tous les incidens ; elle reste alors devant le juge où l'instance principale est pendante.

De même que le créancier, pour donner suite à la saisie - gagerie, doit former une demande en validité ; de même, le saisi, lorsque son adversaire ne se presse pas, peut demander la main levée, ou par exploit, ou par acte d'avoué, selon que la demande est principale ou incidente. En un mot, la saisie-gagerie ayant absolument besoin d'être soumise à l'autorité judiciaire, pour ses suites, c'est la partie la plus diligente qui cite l'autre devant le tribunal compétent.

On se rappelle que toute demande en paiement de loyers ou fermages, ainsi que celle en main levée de saisie, sont dispensées de la conciliation ; par conséquent, les demandes que la saisie - gagerie occasionne ne sont point assujéties à paraître préliminairement au bureau de paix. *Art.* 49.

Lorsqu'un jugement a prononcé sur la saisie-gagerie, le saisi qui en a été le gardien, ou tout autre, si la garde ne lui en a pas été confiée, est tenu, par corps, de représenter tous les effets mis sous la main de justice. *Art.* 824.

Ainsi, la saisie-gagerie tient de la saisie-exécution, en ce qu'elle a pour objet les meubles et effets qui sont en la possession du saisi : elle en diffère, en ce que la vente qui en est la suite, ne peut avoir lieu qu'après avoir été ordonnée par un jugement. Par la même raison, en ce dernier point, la saisie - gagerie ressemble à la saisie - arrêt; tandis qu'elle en diffère en ce que celle-ci ne frappe que sur des choses qui appartiennent, il est vrai, au saisi, mais qui sont entre les mains d'un tiers.

On sent que la saisie - gagerie n'est utile au propriétaire, ou au principal locataire, que quand il n'a pas de bail, ou lorsque celui qui existe est fait sous signature privée; car, quand il a un titre exécutoire, ses poursuites ont le caractère d'une saisie - exécution; alors il n'a pas besoin d'un jugement pour faire vendre.

Au reste, à l'exception des particularités que nous venons d'expliquer, il faut, pour la saisie-gagerie, observer les règles prescrites précédemment pour la saisie - exécution, ainsi que pour la vente et la distribution des deniers. Ainsi, c'est-là qu'on trouvera ce qui concerne le gardien de la saisie-gagerie, si elle n'est pas confiée au locataire lui-même. De même, les oppositions à la vente, les réclamations et autres circonstances, se règlent pour la saisie-gagerie, comme pour la saisie-exécution. *Art.* 825.

La taxe des actes de cette dernière poursuite est applicable aux actes de la saisie - gagerie. *Tarif, art.* 61.

CHAPITRE VI.

De la Saisie - Arrêt sur Débiteur forain.

Les *forains*, proprement dit, sont les marchands qui vont de foire en foire, pour vendre les objets de leur commerce. Mais, dans l'usage, on s'est servi de ce mot pour désigner toute personne qui se trouve dans une commune où elle n'a pas son domicile. On ne peut pas, dans ce cas, se servir du mot *étranger*, parce qu'il est consacré exclusivement à désigner les personnes qui ne sont pas de l'Empire français. Quand donc quelqu'un, demeurant à Lyon, vient passer quelque temps à Paris, il n'y est pas considéré comme étranger, mais comme un forain : il en est de même de l'habitant de Paris qui est à Lyon.

Plusieurs coutumes avaient donné, aux habitans de certaines villes, le privilége de faire arrêt sur les meubles et effets mobiliers trouvés dans ces mêmes villes, et appartenant à des forains, leurs débiteurs, quoiqu'il n'y eût entre eux que des conventions verbales ; on les appelait *villes d'arrêts*. Comme un pareil droit est fondé sur la justice, qu'il favorise le commerce, et qu'il donne aux voyageurs la facilité de trouver sur leur chemin tout ce qui leur est nécessaire, le nouveau Code a consacré ce même droit contre les forains. Mais au lieu de le réstreindre à certaines villes, et de lui laisser le caractère de privilége, il en a fait une loi générale pour toute la France.

Tout créancier, même sans être muni d'un titre, et sans commandement préalable, peut, après en avoir obtenu la permission du président du tribunal de l'arrondissement, et même du juge de paix, faire saisir, dans la commune qu'il habite, les meubles et effets mobiliers qui s'y trouvent, et qui appartiennent à son débiteur forain, c'est-à-dire non domicilié dans la même commune. *Art.* 822.

Il semble qu'ayant autorisé la saisie - arrêt, contre toute espèce de débiteur, même sans titre, avec permission du juge, le Code pouvait se dispenser de prononcer semblable disposition, pour ce qui concerne le débiteur forain; mais, quand on réfléchit que la saisie-arrêt est applicable seulement aux effets du débiteur, quand ils sont dans les mains d'un tiers, on sent qu'il était nécessaire de parler particulièrement de la saisie des objets qui, quoique placés dans une commune où le débiteur n'est pas domicilié, ne cessent pas d'être en sa possession: en suivant les règles générales, ces objets ne seraient susceptibles que de la saisie-exécution; par une faveur particulière, on peut les saisir sans titre; il fallait donc que la loi en parlât spécialement.

Il n'est pas nécessaire, comme on le voit, de

faire précéder d'un commandement cette sorte de saisie ; en cela elle diffère de la saisie-gagerie.

La saisie foraine ne peut frapper que sur des objets qui se trouvent appartenir au débiteur, dans la commune qu'habite le saisissant. Ainsi, un Lyonnais qui est à Paris, pour vaquer à quelques affaires, est débiteur d'une personne domiciliée à Paris : celle-ci peut faire la saisie foraine sur les effets que le Lyonnais possède à Paris ; mais non pas sur ceux qui lui appartiennent à Lyon, parce qu'il n'y est pas forain ; ni sur ce qui lui appartient à Versailles, parce que le créancier n'y demeure pas.

On sent bien que les circonstances dans lesquelles la saisie foraine a lieu, ne permettent pas que le débiteur soit établi gardien ; autrement elle ne présenterait aucun avantage. Voilà pourquoi l'*art.* 823 dit que le saisissant sera de plein droit gardien, si les effets se trouvent en ses mains, comme il arrive aux maîtres d'auberges. Si les effets mis sous la main de justice ne sont pas en la possession du saisissant, il leur est établi un gardien, comme en saisie-exécution.

Pour ce qui n'est pas réglé particulièrement ici sur la saisie foraine, on doit suivre tout ce qui est prescrit au titre des *Saisies-exécutions,* soit relativement à la forme du procès verbal de saisie, soit pour l'établissement et les obligations du gardien, soit pour les obstacles et les autres circonstances qui se rencontrent. *Art.* 825.

La taxe établie pour les actes de saisie-exécution est applicable à ceux de la saisie sur débiteur forain. *Tarif, art.* 61.

La saisie foraine ayant lieu quand le créancier n'a pas de titre, ou que celui qu'il a n'est pas exécutoire, on ne peut pas procéder à la vente des objets saisis, avant que de l'avoir fait ordonner par un jugement. *Art.* 824.

Pour l'obtenir, le saisissant forme sa demande par exploit, comme toutes celles qui sont introductives d'instance. Elle est portée devant le tribunal du domicile du débiteur saisi, sans préalable de conciliation. Lorsque la saisie foraine est incidente à une contestation existante, la demande est introduite par acte d'avoué, et la connaissance en appartient au tribunal où est pendante l'instance principale.

Si le saisi est le plus diligent, au lieu d'attendre la demande en validité de la saisie, c'est lui-même qui en réclame la main levée. Sa demande est formée ou par exploit, ou par acte d'avoué, selon les circonstances qu'on vient d'expliquer.

Le gardien, établi à une saisie foraine, est tenu, même par corps, de représenter les effets qui lui ont été confiés. Quand le saisissant est resté lui-même gardien, il est pareillement obligé par corps à la représentation des objets saisis, quel que soit le jugement qui en règle le sort, soit qu'il faille les rendre au forain, soit qu'il faille en faire la vente. *Ibid.*

Dès que la vente est ordonnée par un jugement, l'article 825 veut qu'on y procède suivant les formes prescrites au titre des *Saisies-exécutions.* Il en est de même de la distribution du prix : on se conforme au titre de la *Distribution par Contribution.*

Quest. I. Au président de quel tribunal, ou à quel juge de paix faut il s'adresser pour obtenir la permission de faire la saisie foraine ; et à quel tribunal est portée la demande en validité, ou en main levée de cette saisie ?

Les uns disent que cette saisie n'aurait pas l'utilité qu'on peut en tirer, si un créancier, pour se faire autoriser à saisir son débiteur forain, et pour former sa demande en validité, était tenu de s'adresser aux juges du domicile de son adversaire ; celui-ci serait lui-même fort gêné, si, pour obtenir promptement main levée de la saisie, il était obligé de recourir à ses propres juges. D'ailleurs, les dettes qu'occasionnent ordinairement cette poursuite, sont contractées sur le lieu même où sont les effets saisis ; c'est-là qu'on peut plus facilement avoir les preuves dont les parties ont besoin réciproquement. Enfin, ajoute-t-on, les difficultés relatives

I.   16

à la saisie-exécution, même les demandes formées par des tiers qui réclament là propriété
des objets saisis, sont portées, d'après l'*art.* 608,
devant le tribunal de l'arrondissement où se fait
la saisie ; par la même raison, les contestations
relatives à la saisie foraine doivent être portées
devant les juges des lieux où elle est faite.

D'autres soutiennent que la saisie dont il s'agit,
ayant été désignée par la loi, comme une saisie-
arrêt faite sur débiteur forain, il en résulte que
la compétence doit, à son égard, être réglée
comme pour la saisie-arrêt ou opposition. Or,
on a vu, d'après l'*art.* 567, que les contestations relatives à cette sorte de saisie, c'est-à-
dire les demandes en validité, en main levée,
et en déclaration, sont portées devant le tribunal
du domicile du débiteur saisi. Par conséquent,
n'ayant été prononcé aucune exception à cette
règle, pour la saisie-arrêt foraine, les contestations qui la concernent doivent être soumises
aux juges du domicile du débiteur. Le plus ou
le moins d'utilité qui résulte de cette manière de
procéder ne peut plus être d'aucune considération quand la loi a parlé.

Au reste, le secours qu'on a voulu établir par
cette espèce de saisie, est de mettre promptement les effets mobiliers du débiteur forain sous
la main de justice, sans qu'il soit besoin de titre
ni de commandement, ni d'aucune autre for-

malité que la permission du juge. Dès que cet acte conservatoire est fait, on laisse les parties dans les termes ordinaires du droit pour contester, parce qu'il n'est plus nécessaire d'exception aux règles générales. Ainsi, toute demande en validité, ou en main levée de la saisie, doit être portée, comme en toute autre matière, devant les juges du domicile du défendeur, c'est-à-dire, en cette occasion, du débiteur forain. Le temps qu'il faut pour s'adresser à un tribunal, souvent éloigné, ne cause ici aucun préjudice au saisissant, puisqu'il a mis en sûreté les effets qui répondent de la dette contractée envers lui.

A l'égard du forain, s'il ne veut pas attendre le temps nécessaire pour faire prononcer par les juges de son domicile, soit sur la demande en validité, soit sur celle en main levée, il peut porter cette dernière demande devant le tribunal du lieu où est faite la saisie; car ce tribunal est compétent, *ratione materiæ* : il dépend donc du défendeur d'en reconnaître l'autorité, s'il y trouve de l'avantage; car, la règle de compétence, *ratione personæ*, est relative au défendeur qui peut y renoncer.

Néanmoins, dit-on encore dans cette dernière opinion, quoique la demande en validité ou en main levée de la saisie foraine doive être portée devant le juge du domicile du débiteur, on convient que la permission, nécessaire pour procéder à cette saisie, s'obtient du président du tribunal du lieu où sont situés les objets qu'on veut mettre sous la main de justice. S'il en était autrement, c'est bien alors que la saisie foraine ne serait plus un secours assez utile. Cette décision, ajoute-t-on, n'est point contraire aux principes de compétence qu'on a invoqués plus haut; car, la nécessité de saisir, sans délai, ce qui appartient au forain, est un cas urgent. La loi le fait entendre suffisamment, lorsqu'elle dit que la permission sera donnée par le président ou par le juge de paix; en effet, il est des circonstances où on n'aurait pas le temps de s'adresser au président.

Remarquez que la partie saisie, considérant sa position comme un cas d'urgence, peut s'adresser au président du tribunal du lieu où sont les effets arrêtés, et faire prononcer, au moins provisoirement, la main levée de la saisie, s'il y a lieu; puisque ce magistrat a pu autoriser le saisissant sur simple requête, il a bien aussi le droit d'écouter la réclamation du saisi, et de retirer la permission qu'il a donnée, s'il est prouvé qu'elle a été motivée sur un faux exposé. Au surplus, dans ces différentes circonstances, les ordonnances du président, comme toutes celles rendues en référé, ne sont que provisoires. Sur le fond de leurs droits respectifs les parties peuvent se pourvoir devant le tribunal indiqué par les règles ordinaires de compétence.

Quest. II. Il est dit dans *l'art.* 821, que le locataire pourra être établi gardien des objets saisis-gagés sur lui. On demande s'il faut que le saisissant y consente, ou bien s'il suffit que le saisissant n'ait pas de raison de s'y refuser, pour que la garde soit confiée au locataire saisi?

Ceux qui pensent qu'on ne peut confier la garde au saisi, sans le consentement du saisissant, s'appuient sur ce qu'il en est ainsi pour la saisie-exécution, de laquelle la saisie-gagerie ne diffère qu'en ce qu'elle est faite sans titre exécutoire. D'ailleurs, quand la loi dit que le saisi pourra être gardien, elle parle à celui qui agit, à celui qui fait la saisie; c'est lui qui pourra, si bon lui semble, établir le saisi pour gardien.

D'autres disent qu'il faut confier au débiteur la garde de ses objets saisis-gagés, à moins que le saisissant n'ait de bonnes raisons pour s'y opposer. Ils se fondent précisément sur la différence qu'il y a entre la saisie-gagerie et la saisie-exécution.

Cette différence offre des motifs concluans, pour ne pas assujétir la saisie-gagerie aux règles de la saisie-exécution, en ce qui concerne la faculté de confier la garde à la personne même du saisi. Quand on est muni d'un titre exécutoire, on peut sur le champ priver le débiteur de la jouissance de ses meubles ; on la lui laisse jusqu'au tems de la vente, quand on ne craint pas que, malgré le gardien, il en abuse, soit pour les détourner, soit pour les détériorer.

Quand on n'a pas de titre, on ne peut qu'exercer un acte conservatoire ; cet acte est une saisie-gagerie, s'il s'agit du payement d'un loyer ou d'un fermage. Voilà pourquoi les anciennes lois, telle que la coutume de Paris, exigeoient que le locataire restât gardien judiciaire de ses meubles saisis-gagés, parce qu'on n'a pas encore titre suffisant pour l'en priver. Le Code judiciaire, à la vérité, s'est contenté de dire que la partie saisie pourra être établie gardien ; mais il n'a pas entendu qu'elle cessera de jouir de ses meubles ; il a voulu seulement permettre au saisissant de s'opposer à ce que le saisi soit établi gardien, si de bonnes raisons sont alléguées ; comme aussi le Code a voulu faire entendre que la partie saisie ne doit pas être établie gardien, si elle n'y consent pas.

CHAPITRE VII.

De la Saisie-Revendication.

Un premier article dira ce que c'est que la saisie-revendication, et ce qui doit la précéder ;

un second article expliquera qu'elles sont les formalités qu'il faut suivre pour procéder à cette sorte de saisie.

ARTICLE Ier.

Ce que c'est que la Saisie-Revendication, et ce qui la précède.

Au chapitre de la *Saisie-exécution*, nous avons parlé du cas où un tiers prétend que des objets compris dans une saisie lui appartiennent. Il forme sa demande en revendication, de la manière que nous avons expliquée.

Ici, il s'agit de régler comment on doit agir quand on trouve son meuble entre les mains d'une personne qui refuse de le rendre. On a également le droit de revendiquer ; mais, comme ce meuble n'est encore frappé d'aucune saisie, il est urgent, pour s'assurer qu'il ne disparaîtra pas, de le mettre préalablement sous la main de justice.

La *Saisie-revendication* est donc un exploit par lequel le propriétaire d'un effet mobilier le met sous la main de la justice, partout où il le trouve, pour, ensuite, s'en faire ordonner la restitution.

Ainsi, c'est une saisie qui n'a pas pour but de vendre l'objet qu'elle frappe, mais de le faire rendre au véritable propriétaire.

La suite nécessaire d'une pareille saisie étant

une question de propriété, il est évident que le saisissant n'a pas besoin d'un titre exécutoire; il lui suffit d'être en état de prouver que l'objet revendiqué lui appartient.

Néanmoins, pour éviter l'abus qu'on pourrait faire de la saisie-revendication, la loi veut qu'on se soit préalablement pourvu devant le président du tribunal de première instance, et que, sur la requête qui lui aura été présentée, il ait donné son autorisation. *Art.* 826.

S'il était fait une saisie-revendication, sans qu'elle eût été autorisée par une ordonnance de justice, la partie poursuivante, et même l'huissier qui aurait instrumenté, seraient condamnés en des dommages-intérêts. *Ibid.*

La requête présentée au président, pour obtenir permission de saisir-revendiquer, doit contenir la désignation sommaire des effets réclamés. *Art.* 827.

Quand le cas est urgent, et qu'en retardant il serait à craindre que les objets réclamés disparussent, le juge peut permettre que la saisie-revendication se fasse, même les jours de fêtes légales. *Art.* 828.

Soit que les objets réclamés se trouvent chez celui qui s'en attribue la possession, soit que celui-ci les ait mis entre les mains d'un tiers, par exemple, pour y faire des réparations, ou sous tout autre prétexte, la saisie se fait dans le lieu où les objets sont placés.

Si celui chez qui sont les effets refuse d'ouvrir les portes, ou s'il s'oppose d'une manière quelconque à la saisie, on se pourvoit en référé devant le juge. En attendant, il est sursis à l'opération ; et, pour sûreté des effets revendiqués, l'huissier peut établir garnison aux portes. *Art.* 829.

Quest. Un effet mobilier a été porté, pour être raccommodé, chez un ouvrier demeurant à Paris, par une personne à qui l'effet semble appartenir, et qui demeure à Corbeil. Le véritable propriétaire découvre le lieu où son meuble a été déposé, et veut le faire saisir-revendiquer. On demande si la permission exigée par *l'art.* 826 sera demandée au juge de Corbeil ou à celui de Paris ?

Comment peut-on élever un doute, disent les uns ? La compétence, en matière de saisie-revendication, est clairement déterminée, par *l'art.* 831, en faveur du tribunal dans l'arrondissement duquel est situé le domicile de la personne sur qui est faite la saisie. Ainsi, dans l'espèce proposée, c'est au président du tribunal de Corbeil qu'il faut s'adresser, puisque c'est à Corbeil que demeure la personne qui a porté, chez l'ouvrier à Paris, le meuble dont il s'agit.

D'autres répondent que la compétence déterminée par l'*art.* 831 ne concerne que la demande en validité de la saisie ; parce qu'en
effet, dès que l'objet réclamé est en sûreté par
l'acte qui l'a mis sous la main de justice, il
n'y a aucun inconvénient à diriger cette demande, selon les règles ordinaires, devant le
tribunal du domicile du défendeur. Mais, pour
autoriser la saisie, il n'est pas question de prononcer sur le droit des parties ; on veut seulement qu'elle ne soit pas faite trop légèrement.
Or, le juge du lieu où se trouve l'effet qu'il
s'agit de mettre provisoirement en sûreté, est
compétent pour veiller à ce que l'on y procède
régulièrement. On conviendra sans doute que,
s'il y a obstacle de la part de l'ouvrier à qui le
meuble a été confié pour le raccommoder, le référé qu'il faut introduire en vertu de *l'art.* 829
sera porté devant le juge du lieu de la saisie ; il
serait trop ridicule de vouloir que les parties al-
lassent au loin faire prononcer sur un objet aussi
provisoire et aussi urgent. La même raison milite
pour que le juge du lieu soit autorisé à répondre
à la requête où est demandée permission de procéder à une saisie-revendication : souvent quelques
heures de retard suffiraient pour que l'objet réclamé disparût.

Au reste, ajoute-t-on, cette opinion est confir-
mée par ce qui arrive en matière de saisie-exécu-

tion. Tout ce qui concerne l'acte de saisie et ses suites, abstraction faite du fond du droit des parties, est essentiellement de la compétence du tribunal de l'arrondissement dans lequel se fait la saisie. A l'égard des questions qui s'élèvent sur le titre, elles sont portées devant les juges à qui appartient l'exécution de l'acte ou du jugement. Pareillement, dans une saisise-revendication, les formalités de cet acte conservatoire, par conséquent la permission de saisir, doivent être soumises au juge du lieu de la saisie ; quant à la question de propriété qui concerne le fond du droit, elle est nécessairement de la compétence du tribunal où le défendeur est domicilié.

Remarquez qu'il importe peu que cette question de propriété soit élevée par la demande en validité de la saisie, ou par la demande en nullité : la partie saisie est considérée, dans tous les cas, comme le véritable défendeur, même lorsque, pour repousser l'attaque du saisissant, elle serait forcée de demander la main levée de la saisie faite sur elle : c'est ce qui est décidé par *l'art.* 567, en matière de saisie-arrêt ou opposition. Les mêmes raisons militent pour la saisie-revendication.

ARTICLE II.

Forme de la Saisie-Revendication.

Lors de la saisie-revendication, au lieu d'agir en vertu d'un titre exécutoire, l'huissier instrumente en vertu de l'ordonnance apposée au bas de la requête dont on vient de parler. Par conséquent, il n'est fait aucun commandement préalable.

Pour les formes du procès-verbal de la saisie-revendication, il faut suivre tout ce qui a été dit pour la saisie-exécution. Ainsi, l'huissier doit se faire assister de deux témoins; il fait la description des effets saisis-revendiqués; enfin, il observe toutes les formalités que nous avons expliquées pour la saisie-exécution. *Art.* 830.

Observez pourtant que la personne entre les mains de qui les effets sont trouvés, en est ordinairement constituée gardien, à moins qu'il n'y ait contre elle des motifs de défiance assez fondés, ou qu'elle n'y veuille pas consentir; alors un autre gardien est établi. Dans ce cas, on se conforme, pour le choix du gardien et ses obligations, à ce qui est dit pour la saisie-exécution. *Ibid.*

La saisie-revendication n'a pas pour but de faire vendre les objets saisis; ce n'est qu'un moyen conservatoire des droits du réclamant. Dès que

les meubles revendiqués sont en sûreté, il est nécessaire de faire juger si la propriété du saisissant
est fondée, afin que les meubles qui lui appartiennent lui soient rendus. Quand la saisie-
revendication est faite, le saisissant doit donc
former sa demande en validité : s'il retardait,
la partie saisie pourrait former elle-même une
demande en main levée, en sorte que, de toute
manière, la justice aurait à prononcer sur cette
saisie.

Suivant les principes, c'est toujours devant le
juge du domicile du défendeur, qu'une action
personnelle est portée : par conséquent, la demande en validité d'une saisie-revendication est
nécessairement de la compétence du juge naturel de la personne sur qui la saisie est faite.
En effet, c'est une véritable question de propriété qui s'élève, et qui doit être dirigée
comme toutes les actions purement personnelles.
Art. 831.

Supposons donc qu'une personne, demeurant
à Versailles, ait remis à un horloger de Paris,
pour la raccommoder, une montre qui ne lui appartient pas. Le propriétaire de la montre prendra
permission du juge de Paris, et fera sa saisie-
revendication entre les mains de l'horloger, qui
en sera constitué gardien. Mais la saisie est faite
sur celui qui a donné la montre à raccommoder ;
c'est entre ce dernier et le saisissant que s'élève

la question de propriété; il faut donc la soumettre au juge de Versailles. L'horloger ne sera appelé en cause que comme tiers saisi, et pour voir prononcer à qui il sera tenu de remettre la montre.

Cependant, si la saisie-revendication était connexe à une contestation élevée entre le saisissant et la partie saisie, le même article veut que la demande en validité de la saisie-revendication soit portée au tribunal où est pendante l'instance principale.

La procédure qui concerne la saisie-revendication, est si simple qu'elle n'a pas besoin de modèles : elle consiste d'abord en une requête, au bas de laquelle le président met son ordonnance pour permettre la saisie.

Cette requête qui n'est pas grossoyée, est taxée, pour Paris et autres villes du premier ordre, 3 fr.

Pour les villes du second ordre, 2 fr. 70 cent.

Partout ailleurs, 2 fr. 25 cent.

La vacation pour obtenir l'ordonnance du juge, est comprise dans cette taxe.

En vertu de l'ordonnance du juge, on fait un procès verbal de saisie-revendication, en tout semblable, pour la forme, à un procès verbal de saisie-exécution; la vente n'y est pas indiquée, car il s'agit de revendication.

Si l'huissier trouve refus de porte, qu'il soit

obligé d'assigner en référé, le premier procès verbal, qui n'est que préparatoire, est taxé, y compris le salaire des deux témoins;

A Paris, et dans les quatre villes assimilées, 5 francs.

Dans les villes du second ordre, 4 fr. 50 c.

Partout ailleurs, 4 fr.

La copie de ce procès verbal est payée le quart de l'original.

Si l'ordonnance de référé ordonne l'ouverture des portes, l'huissier procède comme dans une saisie-exécution; ce second procès verbal est taxé de même que celui d'une saisie-exécution. *Tarif*, art. 62.

Vient ensuite la demande que forme le saisissant pour faire déclarer la saisie valable, ou bien la demande en main levée qui est formée par la partie saisie. On introduit ces demandes d'après les principes généraux, selon qu'elles sont principales ou incidentes : si la saisie-revendication est connexe à une instance déjà existante, la demande en validité, ou en main levée est formée par acte d'avoué; elle l'est, au contraire, par exploit d'ajournement, si la saisie ne tient à aucune contestation déjà formée.

CHAPITRE VIII.

De la Distribution par Contribution.

La distribution de deniers par contribution, convient à la saisie-arrêt, à la saisie-exécution, à la saisie-brandon, à la saisie des rentes sur particulier, à la saisie-gagerie et à la saisie foraine : on conçoit qu'elle n'a pas lieu après la saisie-revendication.

La matière qui concerne la distribution par contribution, se divise en sept articles : le premier expliquera ce que c'est que la distribution par contribution ; le second, les procédures à suivre pour parvenir à la distribution des deniers ; le troisième, ce qu'on entend par créances privilégiées ; le quatrième, comment se fait le procès verbal de distribution ; le cinquième, comment se jugent les difficultés qui s'élèvent entre les créanciers portés sur l'état de distribution ; le sixième, comment s'effectue la distribution des deniers ; enfin, le septième contiendra des modèles de procédures concernant la distribution.

ARTICLE Iᵉʳ.

Ce que c'est que la Distribution par Contribution.

Le but des saisies mobilières, sauf de la saisie-revendication, est de payer les créanciers, avec les deniers arrêtés, ou avec le prix de la vente des objets saisis. Quand il n'y a qu'un créancier, ou quand il y en a plusieurs qui sont d'accord, celui entre les mains de qui les deniers ont été arrêtés, ou l'officier qui a fait la vente des objets saisis, et entre les mains de qui sont restés les deniers, fait les paiemens tels qu'ils sont consentis par le débiteur.

Quand les créanciers disputent entre eux, soit la préférence, soit la légitimité de leurs titres, c'est alors qu'il faut procéder à la contribution, d'après les formes prescrites dans le titre que nous expliquons. On conçoit que cela n'arrive que quand les deniers arrêtés, ou provenans de la vente des effets saisis, ne suffisent pas pour payer tous les prétendans.

Autrefois, le plus diligent des créanciers appelait toutes les parties devant le tribunal qui, par un jugement, fixait les paiemens à faire entre elles ; si les titres étaient trop multipliés, il nommait un commissaire pour procéder à la contribution, c'est-à-dire pour, d'après les productions faites en ses mains, déterminer la somme revenant à chaque créancier. L'usage seul avait établi cette procédure, dont l'ordonnance de 1667 ne parle pas ; mais le nouveau Code a réglé cette matière.

Cette loi, *art.* 656, accorde un mois aux parties, pour convenir à l'amiable de la distribution des deniers. Ce mois court du jour de la signification du jugement qui a déclaré la saisie-arrêt valable, s'il s'agit de sommes d'argent arrêtées ; et si le prix à distribuer provient d'effets vendus, le délai court du jour de la vente.

À l'expiration de ce délai, si les parties ne sont pas réglées, le créancier le plus diligent poursuit la contribution, sans qu'il soit besoin de jugement pour ordonner qu'elle aura lieu.

On appelle *contribution*, une procédure qui a pour but de déterminer la manière dont les deniers arrêtés, ou provenans de la vente d'objets saisis et vendus, seront distribués entre les créanciers qui n'ont pas pu en faire la distribution à l'amiable.

Pour parvenir à cette opération, 1°. il faut examiner les titres de créances, et n'admettre que ceux qui sont valables ; 2°. on fait une classe à part des créances privilégiées, c'est-à-dire, de celles qui doivent être payées de préférence à toutes les autres ; 3°. on règle le rang des priviléges, pour faire payer d'abord celles d'entre elles qui sont préférables, et, par concurrence, celles qui ont le même degré de faveur ; 4°. enfin, après que tous les privilégiés sont entièrement payés, ce qui reste d'argent se partage entre tous les autres créanciers, au prorata de ce qui est dû à chacun.

Supposons qu'après le paiement des privilégiés, il reste 1,600 fr. pour en acquitter 4,000 ; le partage proportionnel entre les créanciers non privilégiés, ne donne à chacun que le quart de son dû, ou 25 centimes par franc. C'est ainsi que les non privilégiés contribuent à supporter la perte commune, dans la proportion du montant de leurs créances, sauf à se pourvoir pour le surplus de la dette sur les autres biens du débiteur.

On voit maintenant pourquoi cette manière de distribuer proportionnellement à chaque créance, s'appelle *contribution*; autrefois on la désignait sous le nom de *contribution au marc la livre*; il semble qu'on la doit nommer aujourd'hui *contribution au décime le franc*, parce que le franc est divisé en décimes.

Question. Plusieurs créanciers ont formé opposition sur le prix d'objets mobiliers vendus par autorité de justice; ce prix est suffisant pour les payer tous, ainsi que les frais; mais le débiteur saisi prétend qu'il ne leur est pas dû autant qu'ils réclament. Un mois, à compter du jour de la vente, est déjà écoulé, sans qu'il ait pu s'arranger avec ses créanciers sur la distribution des deniers : on demande si le saisissant, ou à son défaut, l'un des créanciers, peut demander un commissaire pour procéder à la contribution.

Il semble, pour les uns, que l'affirmative n'est pas douteuse, puisque, faute par le saisi et ses créanciers de convenir, dans le mois, de la distribution, comme le veut l'article 656, la partie la plus diligente est autorisée, par l'*art.* 658, à faire nommer un commissaire, qui rend son ordonnance, comme il est dit en l'*art.* 659.

Mais, suivant d'autres, si on considère que l'*art.* 656 ne parle que du cas où, soit les deniers arrêtés, soit le prix de la vente, ne suffisent pas, on sentira que l'instance de contribution ne peut être introduite que quand il s'agit de déterminer, non pas précisément ce qui revient à chaque créancier, mais la somme proportionnelle pour laquelle il doit contribuer au déficit. Lors donc qu'il est évident que les deniers à distribuer suffisent, et qu'il n'y a de contestation que sur la légitimité des créances, ceux à qui elles sont dues n'ont rien à démêler ensemble ; chacun a une contestation contre le débiteur qui refuse de consentir au paiement, ce qui ne peut pas donner lieu à une contribution. Il faudra donc obtenir, pour chaque créance, un jugement qui en fixe la quotité.

On est convaincu de cette vérité, ajoute-t-on, lorsqu'on voit que le juge commissaire n'est jamais autorisé à prononcer sur des contestations ; si en procédant à l'opération dont il est chargé, il s'y rencontre des difficultés, elles sont portées à l'audience. Dans l'exemple proposé, il n'y a point d'opération à faire ; tout consiste en prétentions respectives, que le tribunal seul a droit de régler. Il serait donc sans objet et contraire à l'intention de la loi, de provoquer une contribution en pareille circonstance.

ARTICLE II.

Procédures pour parvenir à la Contribution.

Cet article se divise en deux paragraphes : l'un parlera de la Consignation ; l'autre, de la Production des titres de Créances.

§. I.er

De la Consignation.

Dès que le mois accordé aux créanciers, pour convenir à l'amiable de la distribution, est expiré sans qu'ils se soient arrangés , la somme à distribuer doit être portée dans le lieu destiné aux consignations.

Le commissaire priseur, ou l'huissier qui avait gardé en ses mains , jusqu'à cette époque, les deniers de la vente, n'a que huit jours pour les déposer. *Art.* 657. Le receveur des consignations , ou l'une des parties intéressées , peut l'y contraindre , même par corps, comme détenteur de biens de justice.

Par le même article , il est dit que les deniers ne seront consignés qu'à la charge des oppositions faites , soit avant , soit depuis la vente. On peut encore faire des oppositions après la consignation.

L'officier qui a procédé à la vente ne porte à la consignation le prix des effets vendus , que déduction faite de ses frais de vente ; il les retient par ses mains , après les avoir fait taxer par le juge , sur la minute du procès-verbal de vente ; mention de cette taxe doit être faite sur les expéditions de ce procès-verbal.

Quest. I. Il est parlé de la consignation pour les deniers provenans de la vente des effets saisis et vendus ; on demande si les deniers frappés de saisies-arrêts, entre les mains d'un tiers, doivent être par lui consignés, lorsqu'un mois après la signification du jugement qui déclare la saisie-arrêt valable, les créanciers ne se sont pas accordés à l'amiable pour la distribution ?

On doit répondre négativement, parce que d'abord la consignation est une formalité rigoureuse qui, par conséquent, n'est obligatoire que dans les cas prévus ; en second lieu, les deniers provenans d'une vente, et que tient le commissaire priseur, ou l'huissier, doivent toujours être prêts ; c'est un dépôt qu'aucun obstacle ne peut empêcher de consigner au moment indiqué par la loi. Mais un tiers saisi, quoique débiteur, n'est pas toujours en état de payer ; il n'est pas dépositaire judiciaire. Souvent même il ne doit qu'à des termes qui ne sont pas encore échus ; et l'on ne doit pas exiger de lui plus que ne pourrait le faire la partie saisie qui est son créancier.

Quest. II. Quand il y a deniers suffisans , et

qu'il s'élève contestation, non entre les créanciers, mais de la part du débiteur contre chacun des créanciers, le commissaire priseur, ou l'huissier qui a fait la vente, est-il tenu d'en consigner le prix ?

Il paraît, suivant les uns, que la consignation est ordonnée pour le cas où des arrangemens amiables n'ayant pas eu lieu dans le mois, il faut recourir à la contribution en justice. Mais lorsqu'il s'élève simplement des contestations qui ne donnent pas lieu à l'instance de contribution, la consignation n'est pas d'obligation de la part de l'officier ministériel.

D'autres disent que la loi n'a voulu laisser les deniers pendant un mois entre les mains du commissaire priseur, ou de l'huissier, que pour rendre plus faciles les voies d'arrangemens; et que, le temps consacré à la conciliation se trouvant expiré, les deniers doivent être portés au bureau des dépôts judiciaires : c'est le seul moyen d'assurer aux parties une sécurité entière pendant que durent les contestations. Ainsi, dès que, dans le mois, il n'a pas été possible à l'officier de payer avec les deniers qu'il a touchés, il cesse d'avoir droit de les retenir, et il doit, dans la huitaine qui suit l'expiration du mois, les verser au bureau des consignations, sans qu'il ait droit d'examiner la nature des difficultés qui se présentent.

Ce sentiment ne nous présente aucun inconvénient ; tandis que, si les commissaires priseurs
ou les huissiers étaient autorisés à rester dépositaires indéfiniment, pendant les longues contestations qui peuvent survenir , il pourrait en ré-
sulter des abus qu'il est prudent de prévenir.

§. II.

De la Production des Titres de Créances.

Aussitôt que le mois consacré aux arrangemens
à l'amiable s'est écoulé sans succès , et que, dans
la huitaine suivante, les deniers ont été consignés,
le poursuivant, ou, à son défaut, le plus diligent
des autres créanciers met, sur un registre tenu
au greffe pour les contributions, une simple note,
c'est-à-dire, une réquisision qui n'est assujétie à
aucune forme. Il s'agit seulement, par cette note,
de prévenir le président qu'il faut nommer un
juge-commissaire pour la distribution du prix,
et de lui indiquer les noms et les dates dont
il a besoin pour faire faire cette nomination.
Art. 658.

Averti par cette note, le président consigne
sur ce registre son ordonnance qui commet un
juge pour procéder à la distribution. *Ibid.*

Le poursuivant obtient ensuite, du juge commis, une ordonnance permettant de faire sommation aux autres créanciers de produire leurs

titres , et de sommer la partie saisie , d'en prendre communication , quand les productions seront faites , et de les contredire , s'il y échet , dans les délais ordinaires. *Art.* 659.

En vertu de l'ordonnance apposée au bas de la requête présentée au juge-commissaire, qui ouvre son procès verbal pour faire mention de cette ordonnance, les opposans sont sommés par exploit signifié au domicile que chacun a été obligé d'élire dans le lieu de la saisie.

Dans le mois, à compter de la sommation , chaque créancier est tenu de produire ses titres, accompagnés d'un acte coutenant constitution d'avoué, et une demande en collocation, c'est-à-dire, des conclusions , à fin d'être employé dans la distribution du prix , soit au rang des privilégiés , soit en concurrence avec ceux qui n'ont pas de privilége. *Art.* 660.

Chaque remise de pièces est faite entre les mains du juge-commissaire, qui en dresse procès verbal. Les créanciers qui ne produisent pas dans le mois , à compter de la sommation qui leur en est faite , sont forclos , c'est-à-dire , exclus de la distribution. Leurs droits restent pourtant dans leur entier vis-à-vis du débiteur ; mais ils ne peuvent les exercer sur les deniers qu'il s'agit de distribuer. *Ibid.*

Quest. I. Suivant l'*article* 659, l'ordonnance du juge-commissaire, en vertu de laquelle les créanciers sont sommés de produire leurs titres en ses mains, ne doit être délivrée qu'après l'expiration du délai d'un mois destiné aux voies conciliatrices, et après la huitaine accordée à l'officier ministériel pour consigner les deniers : voilà pour le cas où il s'agit de distribuer le prix d'une vente de meubles. Mais si la somme à distribuer a été simplement saisie-arrêtée entre les mains d'un tiers qui n'est pas condamné à consigner, faut-il attendre également l'expiration du double délai, ou bien suffit-il, pour prendre l'ordonnance, que le mois consacré aux arrangemens volontaires soit écoulé ?

Il est évident, que le délai de huitaine, à la suite de celui d'un mois, n'est utile que quand il y a lieu à consignation de la part de l'officier qui a fait la vente. Dans tout autre cas, c'est-à-dire, lorsque les deniers à distribuer se trouvent arrêtés entre des mains tierces, le retard de cette huitaine serait sans objet : on peut donc faire la sommation de produire dès que le premier délai, celui d'un mois, est expiré.

Quest. II. De quelle manière l'ordonnance du juge-commissaire doit-elle être rendue ? est-elle apposée au bas d'une requête, ou bien suffit-il qu'elle soit désignée au procès verbal ?

Nous avions d'abord pensé que toutes les fois qu'un juge-commissaire est chargé d'une opération qui nécessite un procès verbal, c'est là qu'il devait constater les réquisitions qui lui sont faites et les ordonnances qu'il rend. Mais le Tarif des frais et dépens, *art.* 96, ayant taxé, au profit de l'avoué poursuivant la contribution, la requête qu'il présente au juge-commissaire, nous ne pouvons plus demeurer dans la même opinion ; il faut donc que l'avoué présente une requête, au bas de laquelle est apposée l'ordonnance. Il reprend cette requête ainsi répondue pour la faire signifier aux créanciers avec sommation de produire ; le juge ensuite fait mention sur son procès verbal et de la réquisition et de l'ordonnance qu'il a délivrée. Par ce moyen, il n'est point levé d'extrait du procès verbal pour faire la sommation, puisque l'ordonnance est entre les mains du poursuivant.

Quest. III. Dans quelle forme se fait la sommation de produire, qu'il faut signifier aux créanciers, conformément à l'*art.* 659., et celle qui s'adresse à la partie saisie, pour qu'elle prenne communication et qu'elle contredise ?

Cette question a besoin d'être examinée dans deux cas différens ; l'un arrive lorsqu'il s'agit de distribuer le prix d'une vente judiciaire ; l'autre a lieu quand la somme à distribuer a été saisie entre les mains d'un tiers.

Premier cas. La vente des meubles d'un débiteur se fait en vertu d'un titre exécutoire, et sur le prix sont formées plusieurs oppositions.

Jusque-là il n'est pas nécessaire du ministère des avoués. Un mois se passe sans que les prétendans puissent s'arranger ; le plus diligent d'entre eux est le premier qui s'adresse à un avoué pour provoquer l'instance de contribution et obtenir l'ordonnance du juge-commissaire. Il ne peut pas la signifier par acte d'avoué, puisque les autres parties n'ont pas encore eu besoin de constituer avoué ; par conséquent, la sommation de produire se fera par exploit, non pas au domicile réel, mais au domicile élu dans le lieu où s'est faite la saisie ; car, suivant l'*article* 609, nulle opposition sur le prix d'une vente de meubles n'est valable, si elle ne contient élection de domicile dans le lieu de la saisie.

A l'égard du débiteur, il n'a pas été davantage dans le cas de constituer avoué ; c'est donc aussi par exploit que la sommation dont il s'agit lui est signifiée. Observez que si ce débiteur ne demeure pas dans le lieu de la saisie, il n'a pas été obligé d'y élire domicile ; par conséquent, c'est à sa demeure réelle que la signification sera portée.

Second cas. Lorsque les deniers à distribuer ont été arrêtés entre les mains d'un tiers, les créanciers prétendant y avoir part ont dû se faire connaître, comme il est prescrit au titre *des Saisies-Arrêts ou Oppositions* ; et par conséquent, chacun, pour la validité de sa saisie, a

dû assigner le débiteur, ce qui nécessite le choix
d'un avoué, indiqué dans chaque exploit d'ajournement. Ainsi, après le jugement, si tous les
créanciers sont d'accord entre eux et avec le
débiteur, le tiers saisi distribue les sommes arrêtées en ses mains, sans difficulté. Mais si, depuis
le jugement, un mois s'est écoulé sans que les
parties ayent pu convenir de la distribution, l'instance de contribution est provoquée, et la sommation de produire les titres de créance est signifiée au domicile élu de plein droit chez l'avoué
de chaque opposant.

Pareillement, si le débiteur assigné en validité
des différentes saisies-arrêts ou oppositions s'est
présenté, la sommation prescrite par l'*art.* 660
lui sera signifiée au domicile de son avoué. Mais,
si le débiteur a laissé prononcer par défaut sur
la validité, la signification qui lui annonce une
instance de contribution devra être faite à son
domicile réel.

Quest. IV. Les créanciers ont un mois pour
satisfaire à la sommation de produire leurs titres ;
elle leur est signifiée au domicile par eux élu dans
le lieu de la saisie, s'il s'agit de distribuer le prix
d'une vente de meubles ; ou au domicile de leurs
avoués, si la somme à distribuer a été saisie
entre les mains d'un tiers, ainsi qu'on l'a dit dans
la question précédente. Ils jouissent donc de l'in-
tégrité du délai pour préparer leurs titres. Il n'en

est pas de même à l'égard du débiteur, lorsqu'il ne demeure pas dans le lieu de la saisie, ou, en cas de saisie-arrêt, lorsqu'il en a laissé prononcer la validité sans constituer avoué ; la signification dont il s'agit lui est faite à son domicile réel, qui peut être fort éloigné : il ne serait donc pas étonnant qu'au bout du mois il ne fût pas encore prêt, et n'eût même pas eu le temps de franchir les distances pour constituer avoué, à l'effet de prendre les titres en communication et les contredire. On demande si le délai d'un mois ne peut pas être, à son égard, augmenté en proportion de la distance, conformément à l'*article* 1033 ?

Le but de la sommation faite au débiteur est de le prévenir qu'une instance de contribution est commencée, et qu'il peut répondre aux productions de ses créanciers, dont il connaît les prétentions, puisque les oppositions ont dû lui être signifiées, sous peine de nullité, conformément à l'*article* 609. De là, quelques personnes pensent que ce débiteur doit se reprocher de n'avoir pas constitué avoué depuis le temps que les poursuites sont commencées ; il a été prévenu de la vente ; il a dû savoir que, ne s'étant pas arrangé avec ses créanciers pour la distribution, il y a eu un intervalle d'un mois, qui, ajouté à un autre mois destiné aux productions, font un délai plus que suffisant pour qu'il ait pu prendre ses précautions et s'assurer que rien ne serait fait sans lui. S'il en était autrement, les instances de contribu-tion seraient d'une longueur beaucoup plus con-sidérable que n'a voulu la loi, qui tend toujours à simplifier et abréger.

On défend l'opinion contraire, en disant que l'intention de la loi, par cette sommation, est évidemment d'appeler le débiteur saisi à l'ins-tance de contribution, puisque la sommation doit lui être signifiée comme à ses créanciers. Il n'a pas été ordonné au débiteur d'élire domicile dans le lieu de la saisie, lorsqu'il n'y demeure pas, formalité prescrite à ses créanciers ; et en cas de saisie-arrêt, il a été libre de se laisser condamner par défaut. De là il résulte que la sommation dont il s'agit doit lui être signifiée à son domicile réel. On sent qu'il peut demeurer fort loin, et qu'il serait impossible quelquefois qu'il reçût l'exploit assez à temps pour envoyer des pouvoirs à un avoué avant le mois destiné aux productions. Il n'est donc pas douteux qu'il faille, outre le dé-lai fixé pour contredire, lui accorder le temps pour franchir la distance qui le sépare du lieu où se fait la distribution. Ce qui confirme cette con-séquence, c'est que l'*art.* 663 suppose que le débiteur fera choix d'un avoué pour satisfaire à la sommation. En effet, on y voit que le délai des productions étant expiré, et même auparavant, si les créanciers ont produit, l'état de distribution est dressé par le juge-commissaire, et que toutes les parties sont sommées, *par acte d'avoué*, d'en prendre communication. Or, le débiteur ne peut pas avoir d'avoué, si, lors de la première sommation faite à son domicile, on ne lui laisse pas le temps légal d'envoyer ou de venir au lieu de la saisie. Le délai d'un mois doit donc être augmenté comme le veut la règle générale prescrite dans l'*article* 1033. Par une suite nécessaire de cette opinion, si le débiteur demeurait en pays étranger, la première sommation lui serait adressée au domicile du procureur impérial, conformément à l'*art.* 69, §. 9; alors il n'y aurait pas lieu à l'augmentation proportionnelle du délai d'un mois; mais le délai total qu'il aurait pour constituer avoué, afin de répondre à la sommation, serait tel qu'il est fixé, par l'*art.* 73, pour les ajournemens adressés aux personnes qui demeurent hors du continent français.

Dès que le commissaire ne procède à la distribution qu'après l'expiration du délai nécessaire au débiteur pour se présenter sur la première sommation, il est sans inconvénient que la clôture du procès verbal ne soit permise que par acte d'avoué; toutes les parties, alors, ont eu le temps de comparaître. Si parmi les créanciers à qui la première sommation a été faite, il y en a qui, dans le délai prescrit, n'ont pas constitué avoué, l'*art.* 660 les déclare forclos, c'est-à-dire,

exclus de l'instance de contribution : la signification de la clôture du procès verbal ne leur est pas
due. Pareillement, si le débiteur n'a pas constitué avoué après avoir reçu la sommation prescrite par l'*art.* 660, on ne lui fait pas signifier la
clôture du procès verbal, et la procédure s'achève
par défaut contre lui. Il est donc bien nécessaire
que par cette sommation le temps de franchir les
distances lui soit accordé. Elle est pour lui le premier avis par lequel il apprend qu'une procédure
de contribution est commencée ; c'est, à proprement parler, une assignation introductive de l'instance, un véritable ajournement, pour lequel on
doit suivre ce qui est prescrit pour ces sortes
d'exploits. Par conséquent, il faut donner une
augmentation proportionnelle au délai spécifié
généralement par l'*art.* 660, qui n'a point prévu
le cas où le débiteur demeure loin du lieu de
la saisie ; ce cas est donc resté dans les termes de
droit. On doit y appliquer les règles générales ;
celle de l'*art.* 1033 lui convient parfaitement.

Quest. V. À quel tribunal l'instance de contribution doit-elle être portée ?

Il ne peut pas y avoir de difficulté, si les deniers à distribuer ont été saisis entre les mains
d'un tiers. La contribution est nécessairement une
suite du jugement qui déclare valable la saisie-
arrêt ; c'est donc devant le tribunal qui a prononcé
ce jugement qu'on doit en poursuivre l'exécu-

tion. Or, il n'y a point de saisie-arrêt ou opposition qui ne doive être accompagnée d'une demande en validité devant le tribunal du domicile du débiteur saisi. Quel que soit le nombre des opposans, c'est au même tribunal qu'ils ont dû traduire le débiteur ; les parties y sont en présence : on ne peut donc pas porter ailleurs l'instance de contribution.

Dans le cas où les deniers à distribuer sont le prix d'une vente de meubles, qui ont été saisis en vertu d'un titre exécutoire, aucune demande n'a été formée. En conséquence, quelques personnes disent que l'instance de contribution étant la suite d'un jugement précédent, ou d'une obligation passée en forme exécutoire, elle est de la compétence des juges qui ont prononcé le jugement, où à qui appartient la connaissance de l'acte en vertu duquel ont été vendus les meubles.

Ainsi, d'après cette opinion, en vertu d'un jugement rendu à Paris, on a fait une saisie-exécution à Lyon ; les opposans n'ayant pas pu, pendant un mois, convenir d'une distribution volontaire, il deviendrait nécessaire, pour procéder à une distribution en justice, de se pourvoir au tribunal civil de Paris.

Pareillement, si la vente des meubles s'est faite à Lyon, en vertu d'une obligation passée devant notaire, par une personne qui demeure à Blois, on dit que la contribution devra être poursuivie au tribunal de Blois ; c'est une demande personnelle dirigée contre le débiteur, et qui, par conséquent, est de la compétence des juges de son domicile.

D'autres croient que la loi attribue juridiction spéciale aux juges ordinaires des lieux où se fait la saisie-exécution, pour tout ce qui concerne cette poursuite. D'abord, suivant l'*art.* 584 le saisissant doit élire domicile, jusqu'à la fin des procédures, dans la commune où doit se faire l'exécution. En second lieu, si le gardien demande sa décharge, il doit se pourvoir, selon l'*art.* 606, au juge du lieu de la saisie. Troisièmement, si un créancier forme opposition sur le prix de la vente, l'*art.* 609 l'oblige a élire domicile dans le lieu où la saisie est faite, à moins qu'il n'y demeure. Enfin, celui qui se prétend propriétaire des meubles saisis, ou d'une portion, est tenu de former sa demande en revendication, comme le prescrit l'*art.* 608, et de la soumettre au tribunal du lieu de la saisie.

De ces diverses dispositions il résulte assez clairement que tout ce qui concerne les poursuites d'exécution mobilière est attribué aux juges du lieu de la saisie, sans considérer si elle est faite en vertu d'un jugement ou d'un acte notarié, et si c'est le tribunal du lieu de la saisie qui a prononcé le jugement, ni s'il est celui du domicile du débiteur. On voit en effet, par les textes cités, que le tribunal du lieu de la saisie prononce, non pas provisoirement seulement, mais définitivement, sur les difficultés que l'exécution de la saisie peut occasionner, quelque sérieuses qu'elles soient; car les demandes en revendication sont de sa compétence, quoique souvent, dans ces sortes de contestations, le tribunal ne soit celui du domicile d'aucune des parties.

Il y a donc, ajoute-t-on, attribution spéciale aux juges du lieu de la saisie; cette attribution n'est point restreinte à une portion de l'exécution: tout ce qui en fait partie s'y trouve compris. Or, dit-on encore pour cette dernière opinion, la distribution du prix de la vente est certainement une suite nécessaire de la saisie; c'est le but auquel tendaient les procédures qu'elle a occasionnées. Cette distribution est la conséquence essentielle de la vente, comme la vente est l'effet nécessaire de la saisie. L'élection de domicile du saisissant et des opposans dans la commune où se fait la saisie sert, comme le dit l'*art.* 584, jusqu'à la fin des poursuites sans restriction; l'instance de contribution y est donc comprise. Enfin, c'est dans le lieu où s'est faite la saisie, que l'officier qui a procédé à la vente est tenu d'en consigner le prix. Or, irait-on devant le tribunal d'un autre arrondissement pour régler la distribution de deniers qui ne sont pas déposés dans sa juridiction ?

Remarquez que l'attribution spéciale, sur laquelle est fondé ce dernier sentiment, ne comprend que les procédures d'exécution, et non pas les contestations qui pourraient naître du fond de la contestation. Si donc, lors d'une saisie-exécution, il s'élève des difficultés seulement sur les moyens de parvenir au but qu'on se propose, comme le refus de portes, le choix du gardien, les oppositions à la vente, celles qui frappent sur le prix, la distribution des deniers, et autres circonstances concernant uniquement la saisie, ses effets et ses suites, on les porte au tribunal du lieu où elle est faite. Mais si on conteste, à l'occasion d'une saisie, le titre en vertu duquel elle est faite, ce n'est plus une question relative uniquement aux voies de contrainte, c'est sur le fond de l'obligation qu'il s'agit de prononcer. On doit alors s'adresser nécessairement aux juges qui doivent connaître de l'exécution du jugement ou du titre qui motive les poursuites. Néanmoins, sur ces mêmes difficultés concernant la validité du titre, le juge des lieux est autorisé à prononcer provisoirement, si le cas requiert célérité.

ARTICLE III.

Des Créances privilégiées.

Les créances privilégiées sont celles que l'on paye par préférence aux autres, à cause de la faveur que mérite le titre sur lequel elles sont fondées.

On voit, par cette définition, que le privilége est bien différent de l'hypothèque qui n'affecte que les immeubles ; l'hypohèque s'acquiert par un titre authentique, et est payée selon l'ordre d'ancienneté.

Au contraire, le privilége s'accorde même sur le prix des objets mobiliers ; il n'est pas nécessaire que le titre en soit authentique, dès que la créance est reconnue et vérifiée. Enfin, l'ancienneté n'y est d'aucune considération ; on ne pèse que la cause qui a donné naissance à la créance : *privilegia non ex tempore œstimantur, sed ex causâ.*

En général, on distingue le privilége spécial et le privilége général.

Par privilége spécial, on entend la faveur accordée à une créance sur une chose en particulier ; en sorte qu'il ne s'étend pas sur les autres biens du débiteur.

Par exemple celui qui a vendu un meuble, et n'en a pas été payé, doit avoir, pour la créance relative à ce meuble, un privilége sur le prix provenant de la vente qui en sera faite ; mais ce privilége n'est que spécial : il n'affecte que le meuble dont il s'agit ; par conséquent, sur le prix des autres objets vendus en même temps, le réclamant n'a pas plus de droit que les autres créanciers.

Ceux qui ont conservé les choses saisies, comme chevaux ou autres animaux qu'ils ont nourris, ont aussi un privilége spécial sur le prix de ces objets, seulement pour le montant de la nourriture fournie.

Les frais faits pour la saisie donnent aussi un privilége spécial qui porte, il est vrai, sur tous les objets compris dans la saisie, mais qui ne s'étend pas aux autres biens du débiteur.

Le privilége général est celui qu'on accorde à une créance sur tous les biens du débiteur, en faveur du service important que sa personne en a reçu. Le boulanger pour le pain par lui fourni ; le médecin, pour les visites faites dans la dernière maladie ; les domestiques, pour les gages de l'année, ont privilége sur tous les biens du débiteur.

De là il résulte que le privilége général ne passe qu'après le privilége spécial ; celui-ci n'affecte qu'une seule chose pour une cause qui lui est toute particulière, et qui, par conséquent, l'emporte sur le privilége qui n'affecte le même objet que pour une cause générale.

Une autre conséquence encore est que le privilége spécial n'a rien à redouter de la concurrence des autres priviléges spéciaux, puisque chacun pose sur une chose différente; au lieu que les priviléges généraux se présentent à la fois sur tout ce qui appartient au débiteur : il faut donc les classer suivant le degré d'importance qu'ils ont; en sorte que ceux qui sont d'une faveur égale sont colloqués par concurrence.

On commence par payer les frais de poursuite comme premier privilége spécial sur les objets vendus. Ensuite viennent les créances ayant privilége, chacune sur les objets particuliers qu'elles affectent. Si le prix auquel aurait été vendu un de ces objets ne suffisait pas pour satisfaire à la totalité de son privilége spécial, le créancier, pour le surplus, aurait droit sur les autres objets, comme les créanciers non privilégiés.

Après les priviléges spéciaux, on s'occupe des priviléges généraux, dont on règle le degré. On paye en entier la créance première privilégiée, ensuite celle du second degré d'importance, et ainsi des autres.

Si, dans l'une de ces classes, il se trouve plusieurs créances, qui sont mises au même degré de privilége, elles sont toutes acquittées entièrement avant de passer à celles de la classe suivante.

Par la même raison, si, arrivé à une des classes privilégiées, ce qui reste de deniers ne suffit pas pour payer les créances qui s'y trouvent colloquées comme étant d'une égale importance, elles supportent la perte concurremment; c'est-à-dire, qu'on les paye chacune par contribution au décime le franc.

La théorie des priviléges appartient au Code civil, qui traite même de ceux sur les meubles, au titre des *Priviléges et Hypothèques*. On y voit quelle règle il faut suivre pour classer les créances privilégiées sur des meubles saisis et vendus. Il nous a suffi de dire ici ce qui est nécessaire pour bien comprendre comment doit opérer un juge-commissaire, chargé de dresser une contribution entre créanciers.

Toute demande, à fin d'être payé par privilége, doit être formée par l'acte de collocation, dont chaque créancier est obligé d'accompagner la production de ses titres. Ainsi, il n'est pas permis d'introduire un incident particulier pour se faire colloquer par privilége. *Art.* 661.

Néanmoins, il est permis au créancier à qui il est dû des loyers pour raison des objets vendus, d'appeler le débiteur et l'avoué le plus ancien de ceux qui sont constitués, afin de faire statuer, en référé, par le juge-commissaire, sur son privilége, parce que les loyers sont dûs de préférence à toute autre créance. *Ibid.*

Après les loyers, sont colloqués, de préférence à toutes les autres créances, les frais faits pour poursuivre, tant la saisie que la vente et la distribution du prix. *Art.* 662.

Quest. I. Le propriétaire à qui il est dû des loyers pour raison du local qu'occupaient les meubles vendus, est-il tenu de former opposition au prix de la vente, et de produire ses titres dans le délai fixé par *l'art.* 660 ?

Ce qui fait douter, c'est d'abord la forclusion prononcée par le même article contre les créanciers qui ne produisent pas ; et ensuite la disposition de *l'art.* 609, qui règle la forme dans laquelle doit se faire, à peine de nullité, toute opposition sur ce prix, même celle pour loyers.

La raison de décider se trouve dans *l'art.* 661, qui exempte formellement le propriétaire à qui il est dû des loyers, des formalités auxquelles sont assujettis les autres créanciers. En effet, puisque *l'art.* 662 met les loyers avant toute autre créance, et même avant les frais de poursuites, il suffit que le propriétaire se présente avant que les deniers soient distribués. Il traduit en référé, devant le juge-commissaire, la partie saisie et l'avoué le plus ancien de ceux qui sont constitués pour les créanciers. Sur le vu de son titre, il est statué préliminairement sur son privilége. Dès que cette voie expéditive du référé est indiquée au propriétaire, à cause de la préférence qui lui est accordée sur tous autres créanciers, il en résulte qu'il n'est pas tenu de produire ses titres avec les autres ; ce qui le forcerait à attendre la fin de l'instance de contribution : les règles prescrites pour procéder à la contribution ne le concernent donc en aucune manière. Il peut également se dispenser de former opposition sur le prix de la vente. En se présentant en référé, avant que les deniers soient distribués, il est nécessairement écouté, quoique jusqu'alors on n'ait pas encore entendu parler de sa créance. S'il est question de lui dans l'*art.* 609, c'est seulement pour dire qu'il ne peut pas plus que les autres créanciers s'opposer à la vente; et que, s'il croit convenable de former son opposition, afin de s'assurer que les deniers ne seront pas distribués sans lui, cette opposition ne pourra frapper que sur le prix de vente.

Quest. II. En plaçant le privilége des loyers avant celui des frais de poursuite, l'*article* 662 du Code judiciaire n'est-il pas contraire à l'*article* 2101 du Code civil, qui met les frais de justice avant tous autres priviléges ?

On sentira que ces deux dispositions légales ne sont point opposées l'une à l'autre, si on se rappelle qu'il y a des priviléges généraux qui s'étendent à la totalité des biens du débiteur, et des priviléges spéciaux qui affectent particulièrement certains objets. Quand un privilége général se trouve en concurrence avec un privilége spécialement affecté à un objet, c'est ce dernier privilége qui doit être préféré. Quand deux priviléges spéciaux sur un même objet sont en concurrence, on leur donne le rang que la loi leur attribue ; or, certains frais de justice étant spécialement privilégiés, ils sont toujours préférés. Ces principes, qui sont établis par le Code civil, ne peuvent pas être ici développés ; il nous suffit de les rappeler. L'application en est facile à faire aux loyers que réclame le propriétaire, lorsqu'il s'agit de la distribution du prix des meubles de son locataire.

Le propriétaire a certainement un privilége spécial sur les meubles qui garnissent les lieux qu'il donne à loyer. Si donc ces meubles sont vendus sur la poursuite de quelque autre créancier, on conçoit que les loyers doivent être payés par préférence. Les frais de justice sont aussi privilégiés ; mais il y en a de deux espèces : les uns sont ceux de la vente, et qui sont dus à l'officier qui y a procédé ; les autres sont ceux occasionnés par les poursuites des divers créanciers. Rien de si naturel que de considérer les frais de vente comme affectés spécialement aux objets vendus. À l'égard des frais de poursuite, ils ont un privilége général qui marche avant le privilége général des autres créances ; mais lorsque ce privilége général des frais de poursuite se trouve en concurrence avec un privilége spécial, tel que celui du loyer, celui-ci doit l'emporter.

Ainsi, sur le prix de la vente des meubles d'un locataire, trois priviléges se présentent, celui du propriétaire, celui des frais de vente, et celui des frais de poursuite ; ce dernier étant général, cède nécessairement aux deux autres, qui sont très-spécialement affectés aux meubles vendus. Reste donc le privilége du propriétaire et celui des frais de vente : l'un et l'autre sont spéciaux ; mais le dernier l'emporte, parce qu'il concerne des frais de justice auxquels, en cas de concurrence, est donnée la préférence par *l'article* 2101 du Code civil.

Ce qui est prescrit par le Code judiciaire est entièrement conforme à cette explication. En effet, on voit que *l'art* 657, en ordonnant à l'officier vendeur de consigner les deniers qu'il a reçus, l'autorise à se payer des frais de la vente, d'après la taxe qui aura été faite par le juge, sur la minute du procès-verbal. Ce n'est que sur les deniers consignés, dont les frais de vente ont été prélevés, que le propriétaire, en vertu de *l'art.* 662, est payé de préférence à tous les autres ; sa créance, quoique spécialement privilégiée, ne passe donc qu'après la portion des frais de justice, qui est aussi privilégiée spécialement. D'un autre côté, le privilége spécial du propriétaire est préféré aux frais de poursuite, parce que ceux-ci n'ont qu'un privilége général. Observez que ces mêmes frais de poursuite, s'ils sont en concurrence avec tout autre privilége général, seront payés les premiers, à cause du même *art.* 2101.

du Code civil, qui veut que les frais de justice obtiennent le premier rang parmi les priviléges de même degré.

A R T I C L E I V.

De l'État de distribution.

Aussitôt que le délai d'un mois, accordé pour produire, est expiré, le commissaire, à la suite du procès verbal qui constate les productions, dresse l'état de distribution. *Art.* 663.

Par l'examen des pièces mises sous ses yeux, il taxe les frais de poursuite, y compris ceux de son procès verbal et de la dénonciation qui en doit être faite ; et il les place comme privilégiés avant toute autre créance.

Quant aux frais qui pourraient être faits postérieurement, à l'occasion des contredits proposés sur l'état de distribution, ils sont supportés par ceux qui succombent.

Le commissaire ensuite règle le rang des divers priviléges, désigne ceux qui viennent en concurrence, et compose la classe des non privilégiés. En statuant sur le sort des différens créanciers, il fixe la somme qui revient à chacun d'eux.

Pour dresser l'état de distribution, on n'est pas obligé d'attendre l'expiration du mois destiné à produire, quand tous les créanciers ont satisfait à cette formalité avant le terme fixé ; plus tôt les parties ont remis leurs pièces, plus tôt le commissaire procède à l'état de distribution. Si donc, dans la huitaine, par exemple, le saisissant et les opposans avaient remis leurs titres, accompagnés de leurs requêtes de collocation, le procès verbal de distribution pourrait être dressé sans aucun retardement. *Ibid.*

Dès que l'état de distribution est prêt, le poursuivant en avertit, par acte d'avoué, ceux des créanciers qui ont produit, ainsi que la partie saisie, avec sommation de prendre communication tant du procès verbal que des pièces produites, et d'y contredire dans la quinzaine.

Chaque créancier, par le ministère de son avoué, va donc au greffe prendre connaissance de l'état de distribution et des pièces d'après lesquelles il a été dressé. S'il croit avoir des réclamations à faire, il requiert le juge-commissaire de les recevoir à la suite du procès verbal. *Art.* 663.

Il est défendu de faire aucun dire sur le procès verbal, si ce n'est pour contester; toutes autres observations qui ne tendent pas à faire réformer quelqu'article de l'état de distribution, ne peuvent être reçues; elles seraient inutiles à l'opération qu'on se propose. *Art.* 664.

Les parties qui ne prennent pas communication du procès verbal de distribution, et n'y font pas leurs observations dans la quinzaine, à compter de la sommation, demeurent forcloses; c'est-à-dire, excluses du droit d'examiner et de contredire, sans qu'il soit besoin de les sommer de nouveau. Par conséquent, le délai prescrit étant passé, le commissaire ne doit plus recevoir aucun contredit.

Le débiteur saisi est compris dans cette disposition ; s'il n'a pas pris communication et contredit, dans la quinzaine, il est forclos ; il ne peut plus exercer cette faculté.

ARTICLE V.

Des Difficultés qui s'élèvent sur l'État de distribution.

Quand, pendant la quinzaine accordée pour prendre communication de l'état de distribution, il y a été fait des contredits, le commissaire termine son procès-verbal en déclarant qu'il en sera référé à l'audience ; c'est là que les difficultés proposées par les parties sont débattues et jugées.

À cet effet, le créancier le plus diligent provoque l'audience, par un simple acte. La cause se lie entre ce créancier et celui dont il s'agit de discuter le titre ; la partie saisie y est appelée, ainsi que le plus ancien avoué des créanciers opposans. Aucun des autres créanciers, pas même celui qui a poursuivi la distribution, ne doit y figurer. *Art.* 667.

Quand il y a à prononcer sur les titres de plusieurs créanciers, ce sont autant de causes diffé-

rentes pour chacune desquelles on observe de
n'admettre à la discussion qui se fait à l'audience,
que le contestant, le contesté, la partie saisie,
et le plus ancien avoué des autres créanciers.

Le tribunal prononce, par un seul jugement,
sur les points contestés, après avoir entendu le
rapport du juge-commissaire, et les conclusions
du ministère public. *Art.* 668.

Par la décision rendue sur chaque chef de demande, il arrive que la réformation proposée,
est rejetée, ou qu'elle est admise ; quand elle
est rejetée, les juges ordonnent que l'état de
distribution, arrêté par le commissaire, sera
exécuté quant au point contesté. Si la réclamation est admise, le jugement réforme l'article
discuté. A l'égard des collocations qui n'ont
éprouvé aucune difficulté dans le délai prescrit,
elles doivent rester irrévocablement telles qu'elles
sont portées dans l'état de distribution.

On peut interjeter appel du jugement qui concerne une collocation contestée, lorsqu'il n'est
pas rendu en dernier ressort ; mais il n'est accordé,
pour se pourvoir, que dix jours, à compter de
celui où ce jugement a été signifié à avoué.

L'acte d'appel doit être signifié au domicile de
l'avoué de chacune des autres parties ; il contient
l'énonciation des griefs, et assignation en la Cour
d'appel. *Art.* 669.

Les quatre parties que la loi met en cause, le

contestant, le contesté, le saisi, et le plus ancien opposant, sont seuls en droit d'interjeter appel dès jugemens rendus dans ces sortes d'affaires ; comme aussi ce sont les seuls qu'on doive intimer. Lors donc que l'une de ces quatre parties se rend appelante, elle fait signifier son acte à chacun des avoués qui, en première instance, ont occupé pour les trois autres. *Ibid.*

Sur l'appel, la cause doit être instruite et jugée comme en matière sommaire. *Ibid.*

Quest. I. Quoique les formes prescrites par l'*art.* 669 pour l'appel d'un jugement qui prononce sur une contestation en matière de contribution, fassent évidemment exception aux règles générales, elles ne présentent aucune difficulté à l'égard des créanciers, qui, en pareil cas, sont toujours parties présentes. Mais, qu'arriverait-il, si le débiteur saisi n'avait point constitué avoué sur l'instance de contribution ? D'abord le jugement ne pourrait pas lui être signifié à avoué ; et si on lui en faisait la signification à domicile, il serait bien souvent impossible qu'en dix jours il pût recevoir l'exploit et interjeter appel. En second lieu, si c'est un des créanciers qui se rend appelant, il ne pourrait pas intimer le débiteur, puisque l'intimation doit se faire au domicile des avoués, et que, par la supposition, ce débiteur n'a pas d'avoué.

De ces impossibilités, qui résultent essentiellement de la disposition de la loi, il faut conclure que, suivant son intention, le débiteur ne doit plus être considéré comme partie, lorsqu'il ne s'est pas présenté sur l'instance de contribution : on a fait à son égard tout ce qui était nécessaire, en lui signifiant l'ordonnance qui ouvre le procès verbal de contribution, conformément à l'*art.* 659; son silence est regardé comme une adhésion à tout ce qui est fait sans lui. Voilà pourquoi la dénonciation de l'état de distribution ne lui est point faite lorsqu'il n'a pas d'avoué; car cette dénonciation, suivant l'*art.* 663, ne peut être signifiée que par acte d'avoué.

Tout le reste de la procédure se suit donc sans qu'il y soit question du débiteur; en persistant à ne pas constituer avoué, il confirme l'approbation qu'il est censé donner à l'état de distribution. Si sur cet état il s'élève des discussions, elles n'ont lieu qu'entre les créanciers; on ne doit point y appeler le débiteur qui ne veut prendre aucune part à la contribution. Ainsi, le jugement sur ces contestations, où les créanciers seuls sont parties, ne concernent qu'eux; le jugement n'est signifié qu'à ceux qui ont avoué en cause; eux seuls ont droit d'en interjeter appel, et par conséquent de comparaître en la cour, où le débiteur ne peut pas être intimé, puisqu'il n'a pas paru en première instance.

Quest. II. Si un article de l'état de collocation

ne montait pas à plus de 1000 fr. et qu'il éprouvât contestation, le jugement qui interviendrait serait-il susceptible d'appel?

Pareillement, plusieurs articles, moindres chacun de 1000 francs, sont contestés : mais la somme de ces différens articles excède 1000 francs ; on demande si l'appel du jugement qui prononce sur ces divers objets est permis ?

Le premier cas ne présente aucune difficulté ; encore bien que toute la somme comprise dans l'état de distribution excède 1000 francs, il n'en est pas moins vrai que la contestation ne s'est élevée que sur un objet d'une valeur moindre que 1000 francs ; par conséquent le tribunal d'arrondissement a prononcé en dernier ressort.

Au second cas, les divers articles contestés, s'ils appartiennent au même créancier, doivent être pris ensemble, pour déterminer si leur somme excède ou non 1000 francs, et pour conclure de là s'ils ont été jugés en premier ou en dernier ressort. Mais, si les articles contestés appartiennent à divers créanciers, il faut considérer le jugement comme ayant prononcé sur autant de contestations différentes qu'il y a de créanciers contestés : il sera donc susceptible d'appel pour les contestations dont l'objet excède 1000 francs ; tandis que les contestations dont la valeur est moindre que cette somme, se trouveront jugées en dernier ressort.

ARTICLE VI.

Comment s'effectue la Distribution.

Après que l'état de distribution a été communiqué, si aucun des articles n'est contesté, il devient exécutoire. Il le devient également quand le procès verbal n'a pas été pris en communication, et que le délai pour cette formalité est expiré. *Art.* 665.

Lorsque quelques collocations ont été contestées, l'état de distribution ne s'exécute qu'en vertu du jugement qui en maintient ou en réforme les articles attaqués; pourvu que, pendant les dix jours qui suivent la signification de ce jugement, il n'en ait pas été interjeté appel. Si l'appel a eu lieu, la distribution ne pourra être faite que conformément à ce qui aura été jugé par l'arrêt; mais il suffit alors de la signification qui se fait d'avoué à avoué, toutes les fois qu'il s'agit de faire exécuter un jugement. *Art.* 670.

L'état de distribution est donc réglé définitivement, soit par l'adhésion des parties qui ont gardé le silence pendant le délai de la communication; soit en cas de contestation, par un jugement dont il n'y a pas d'appel; soit enfin par un arrêt, si l'appel a été interjeté.

Dès que, d'une manière ou de l'autre, les collocations sont irrévocablement fixées, le juge-commissaire fait la clôture de son procès verbal, arrête l'état de la distribution des deniers, et ordonne que le greffier délivrera, sur le receveur des consignations, des mandemens de paiement aux créanciers, en affirmant par eux la sincérité de leurs créances. *Art.* 665.

A cet effet, huitaine seulement après la clôture du procès-verbal, celui qui veut recevoir le montant de sa collocation se présente en personne, ou par un fondé de pouvoir spécial, au greffe, assisté de son avoué; il affirme que sa créance est sincère, et le greffier, dans le mandement qu'il délivre, constate que cette formalité a été remplie devant lui. *Art.* 671.

Les intérêts des sommes dont l'état de distribution ordonne le paiement, cessent d'être dus, à compter du jour de la clôture du procès-verbal du juge-commissaire, quand il n'y a été fait aucun contredit. Le moment où les intérêts cessent, en cas de contestation, est celui de la signification du jugement qui y a statué, s'il n'y a point eu d'appel. Enfin, en cas d'appel, les intérêts ne courent plus, quinzaine après la signification faite à avoué, de l'arrêt qui a prononcé. *Art.* 672.

ARTICLE VII.

Modèles pour la Distribution par contribution.

S. Ier

Nomination du Juge-Commissaire.

Le poursuivant, ou tout autre créancier, écrit

sur le registre des contributions au greffe, une simple note conçue ainsi :

« Le sieur Paul L..., marchand de bois, demeurant à Paris, poursuivant par Mᵉ. B..., avoué, a fait vendre les meubles de son débiteur, le sieur Aignan H..., marchand brasseur à Paris, par procès verbal de Mᵉ. T..., commissaire priseur, en date du vingt janvier dernier. Pendant le mois qui s'est écoulé depuis cette époque, les créanciers n'ont pas pu s'accorder pour la distribution du prix de cette vente ; en conséquence le sieur Paul L... requiert la nomination d'un juge-commissaire pour y procéder.

» A Paris, ce quatre mars mil huit cent cinq.

Signé B..., avoué.

La vacation pour faire cette réquisition sur le registre est taxée, pour l'avoué, à Paris, Lyon, Bordeaux, Rouen et Bruxelles, 5 fr.

Dans les autres villes ayant Cour d'appel, ou d'une population au-dessus de 30,000 ames, un dixième de moins ; ci 4 fr. 50 c.

Partout ailleurs, 3 fr. 75 c.

S'il se présente deux ou plusieurs réquérans en même temps au greffe, ils se retirent devant le président du tribunal ; ce magistrat indique sur le champ celui dont la réquisition sera écrite sur le registre. On ne peut se pourvoir contre cette décision, ni par opposition, ni par appel ; il n'en est point dressé procès verbal ; et il n'est rien alloué aux avoués pour s'être transportés devant le président. *Tarif, art.* 95.

D'après cette note, le président écrit sur le registre des contributions, à la suite des ordonnances semblables qui s'y trouvent en ordre de date, la nomination d'un juge-commissaire en ces termes:

» Nous commettons M. J..., membre du tribunal, pour procéder à la distribution du prix des meubles du sieur Aignan H..., marchand brasseur à Paris; lesquels ont été vendus à la diligence du sieur Paul L..., marchand de bois, demeurant à Paris, par procès verbal de T...., commissaire priseur, en date du vingt janvier dernier.

» Fait à Paris, ce cinq mars mil huit cent cinq. *Signé* C...., président.

§. II.

Requête au Juge-Commissaire et son Ordonnance.

» A Monsieur, J..., juge-commissaire,

» Le sieur Paul L..., marchand de bois à Paris, poursuivant la distribution des deniers provenant de la vente des meubles du sieur Aignan H..., marchand brasseur à Paris, expose que lesdits meubles ont été vendus par procès verbal de T..., commissaire priseur, le vingt janvier dernier, et que le prix de cette vente se monte à la somme de 4,000 francs, qui ont été déposés au bureau des consignations.

» Le sieur Paul L..., requiert en conséquence, qu'il vous plaise l'autoriser de faire sommer le sieur F..., marchand orfèvre à Paris ; le sieur D..., apothicaire à Paris ; et le sieur G..., entrepreneur de maçonnerie à Paris, tous créanciers opposans au prix de ladite vente, pour qu'ils ayent à produire leurs titres. Il requiert en même temps qu'il lui soit permis de sommer la partie saisie de prendre communication des productions qui seront faites, et de les contredire, s'il y a lieu. à Paris, le six mars 1805. *Signé* B..., avoué. »

Au bas de cette requête, le juge-commissaire appose son ordonnance en ces termes :

» Nous ordonnons que les créanciers ci-dessus mentionnés, opposans au prix de la vente dont il s'agit, seront sommés, à la diligence du sieur L..., de produire en nos mains, dans le délai d'un mois, leurs titres de créance ; sinon l'état de distribution sera dressé sur les seules pièces produites. Ordonnons pareillement que sommation sera faite à la partie saisie, de prendre communication des titres qui auront été produits, et de les contredire s'il y échet. A Paris, ce 6 mars 1805. *Signé* J..., juge-commissaire. »

En vertu de cette ordonnance, les sommations sont faites dans la forme de tous les exploits de cette espèce ; c'est-à-dire, que l'on fait d'abord copie de l'ordonnance; et à la suite on dresse un simple acte de signification.

La taxe pour la requête présentée au commissaire, et la vacation pour obtenir l'ordonnance de ce juge, est; à Paris, Lyon, Bordeaux, Rouen, et Bruxelles, 3 fr.

Dans les autres villes qui ont Cour d'appel, ou population excédant 30,000 ames, un dixième de moins; ci 2 fr. 70 c.

Partout ailleurs, 2 fr. 45 c. *Tarif, art.* 96. *Décret, art.* 2, 3.

Les sommations faites en vertu de l'ordonnance du juge-commissaire, sont taxées chacune à Paris, Lyon, Bordeaux, Rouen et Bruxelles, 2 fr. 20 c.

Dans les autres villes ayant Cour d'appel, ou une population de plus de 30,000 ames, un dixième de moins; ci 1 fr. 98 c.

Partout ailleurs, 1 fr. 50 c. *Tarif, art.* 29. *Décret, art* 2 3.

On avait d'abord pensé que pour obtenir l'ordonnance du juge-commissaire, le poursuivant se présentait à lui; que ce juge ouvrait le procès verbal en consignant la réquisition qui lui était faite, et l'ordonnance dont il la répondait; qu'une expédition de cette première vacation était délivrée, pour faire les sommations aux créanciers. Mais, le décret sur le tarif ayant taxé une requête présentée au juge-commissaire, il en résulte que le magistrat met son ordonnance au bas de cette requête, en vertu de laquelle sont faites les sommations ; alors il n'est pas fait expédition de la première vacation du procès verbal qui mentionne la requête et l'ordonnance , en ces termes :

« Aujourd'hui six mars mil huit cent cinq, de-
» vant nous, Auguste J..., juge commis par l'or-
» donnance de M. le président, apposée sur le
» registre des contributions en date d'hier ;

» A comparu M². B..., avoué du sieur Paul
» L..., marchand de bois à Paris, poursuivant la
» distribution des deniers provenant des meubles
» du sieur Aignan H..., marchand brasseur à
» Paris, lesquels ont été vendus par procès verbal
» de T..., commissaire priseur, le vingt janvier
» dernier, et ont produit la somme de 4,000 fr.,
» qui ont été déposés au bureau des consigna-
» tions.

» Ledit M². B..., nous a présenté requête afin
» d'être autorisé à faire aux sieurs F..., marchand
» orfèvre à Paris ; D..., apothicaire à Paris ; et
» G..., entrepreneur de maçonnerie à Paris, tous
» trois opposans au prix de ladite vente, somma-
» tion de produire leurs titres dans les délais de
» la loi, et à la partie saisie sommation d'en pren-
» dre communication, et de contredire s'il y a
» lieu. Nous lui avons délivré notre ordonnance
» aux fins requises. En foi de quoi nous avons
» dressé le présent procès verbal que ledit M².
» B..., a signé avec nous et notre greffier. *Signé*

» B...., avoué. J....., juge commissaire; A....,
» greffier.

§. III.

Acte de Collocation et de Production.

« Le sieur Paul L....., marchand de bois, demeurant à Paris, pour lequel occupera Me B...,
avoué; ayant fait vendre les meubles et effets du
sieur Aignan H...., marchand brasseur à Paris, par
procès verbal de Me T...., commissaire priseur,
en date du vingt janvier dernier,

» Requiert M! J...., juge-commissaire nommé
le cinq de ce mois, sur le registre des contributions, pour faire la distribution des deniers provenant de cette vente, de de colloquer suivant
la nature de sa créance;

» 1°. Pour la somme de huit cents francs, que
ledit sieur H.... a été condamné de payer, par
jugement du six septembre dernier;

» 2°. Pour les intérêts de ladite somme, adjugés
par ledit jugement, à compter du dix avril, précédent, jour de la citation au bureau de conciliation;

» 3°. Pour la somme de trois cent vingt-six fr.,
montant des dépens adjugés par le même jugement, et dont exécutoire a été délivré le trois
novembre dernier;

» 4°. Par premier privilége, pour la somme à
laquelle seront taxés les frais de poursuites que le
requérant a avancés pour parvenir à ladite vente.

et à la distribution du prix, selon sa déclaration de dépens.

» Pour justifier les causes de sa créance, le requérant produit les pièces suivantes :

» La première est l'expédition du jugement du six septembre dernier ;

» La seconde est la citation au bureau de paix, du vingt-sept juillet dernier ;

» La troisième est l'exécutoire, du trois novembre dernier ;

» La quatrième est l'expédition du procès verbal de vente des objets dont il s'agit de distribuer le prix ;

» La cinquième est la déclaration de dépens où les frais de poursuites sont détaillés.

» Fait à Paris, ce seize mars mil huit cent cinq.

Signé B....., avoué. »

Si la créance était privilégiée, il faudrait qu'elle fût énoncée comme telle dans l'acte de collocation ; en conséquence, on demanderait à être colloqué au rang que doit avoir ce privilége.

La taxe de cet acte de production, y compris la vacation pour produire, est, à Paris, Lyon, Bordeaux, Rouen et Bruxelles, de 10 francs.

Dans les autres villes, ayant cour d'appel, ou population excédant 3o,ooo ames, un dixième de moins, ci 9 fr.

Partout ailleurs, 7 fr. 5o c. Observez que cet acte n'est pas signifié. *Tarif, art.* 97; *Déc. art.* 2, 3.

Le Code judiciaire, *art.* 661, permet au propriétaire à qui il est dû des loyers, de faire régler son privilége en référé devant le juge-commissaire, ainsi qu'on l'a dit plus haut; or, pour la sommation à l'avoué de la partie saisie, si elle en a un, et à l'avoué le plus ancien des opposans, à l'effet de comparaître en référé, il est alloué à Paris, Lyon, Bordeaux, Rouen et Bruxelles 1 fr.

Dans les villes du second ordre, un dixième de moins, ci, 90 c.

Partout ailleurs, 75 c.

Chaque copie coûte le quart de l'original.

La vacation en référé devant le juge-commissaire, s'il prononce par défaut, est taxée à Paris, Lyon, Bordeaux, Rouen et Bruxelles, 3 francs.

Partout ailleurs, 2 fr. 75 c.

Si le référé est contradictoire, la taxe pour Paris, et les villes assimilées, est de 5 fr.

Dans les autres villes ayant cour d'appel, ou population de plus de 30,000 ames, un dixième de moins, ci, 4 fr. 50 c.

Partout ailleurs, 3 fr. 75 c. *Tarif, art.* 98; *Décret, art.* 2 et 5.

§. IV.

Procès verbal de Production.

Ce procès verbal se met à la suite de celui où est consignée l'ordonnance du juge-commissaire. Toute la procédure de ce juge est écrite sur le même cahier, et ne forme qu'un seul tout, dont chaque procès verbal particulier est une portion, ou plutôt une vacation.

» Aujourd'hui, douze mars mil huit cent cinq, pardevant nous, Auguste J...., juge commis,

» A comparu M⁰ B..., avoué du sieur L..., ci-dessus nommé ; il nous a représenté l'original d'une sommation faite à sa requête, le sept du présent mois, en vertu de notre ordonnance du six, aux sieurs F..., orfèvre à Paris ; D..., apothicaire à Paris, et G...., entrepreneur de maçonnerie à Paris, pour qu'ils ayent à produire les titres des créances qu'ils prétendent avoir sur ledit sieur H....

» Pour satisfaire lui-même à notredite ordonnance, il nous a remis, avec son acte de collocation, cinq pièces cotées et paraphées par lui.

» Desdites comparution et remise nous avons donné acte audit M⁰ B..., qui a signé, avec nous et notre greffier, la présente vacation.

Signé B..., avoué ; J..., juge ; A..., greffier.

» Le quinze du même mois, a comparu M⁰ E...., avoué du sieur E..., marchand orfèvre à Paris, opposant au prix de la vente des meubles et effets du sieur H....Pour satisfaire à notre ordonnance ci-dessus datée, il nous a remis, avec son acte de collocation, deux pièces cotées et paraphées par lui, et a signé en cet endroit.

Signé E....

» A comparu en même temps Me N..., avoué du sieur G..., entrepreneur de maçonnerie à Paris, créancier dudit sieur H..., et opposant au prix de la susdite vente. Pour satisfaire à notre ordonnance ci-dessus mentionnée, il nous a remis, avec son acte de collocation, huit pièces cotées et paraphées par lui, et il a signé en cet endroit.

> » *Signe* N...., avoué.

» Desdites comparutions et remises de pièces, nous avons donné acte aux parties comparantes; en foi de quoi nous avons signé, avec notre greffier, la présente vacation.

> *Signé* J..., juge; A..., greffier.

» Le dix-huit du même mois, a comparu Me O..., avoué du sieur P^t..., boulanger à Paris, créancier opposant au prix de la susdite vente. Pour satisfaire à notre ordonnance ci-dessus mentionnée; il nous a remis, avec son acte de collocation, trois pièces par lui cotées et paraphées, et a signé en cet endroit.

> *Signé* O..., avoué.

» A aussi comparu Me Q..., avoué du sieur V..., marchand clincailler à Paris, créancier opposant au prix de la susdite vente. Pour satisfaire à notre ordonnance susdatée, il nous a remis, avec son acte de collocation, sept pièces par lui cotées et paraphées, et il a signé en cet endroit.

> » *Signé* Q..., avoué.

» Desdites comparutions et remises de pièces, nous avons donné acte aux parties comparantes; En foi de quoi nous avons signé la présente vacation avec notre greffier.

» *Signé* J...., juges; A...., greffier.»

La vacation pour produire, et par conséquent pour faire consigner la remise des pièces au procès-verbal du juge, est comprise dans la taxe de l'acte de production. *Voyez* ci-dessus.

§. V.

État de Distribution.

« Aujourd'hui, dix avril mil huit cent cinq, devant nous juge-commis, comme il est ci-dessus dit, a comparu Mᵉ B...., avoué du sieur L....; poursuivant la distribution du prix dont il s'agit.

» Il nous a exposé que le délai d'un mois est expiré depuis la sommation faite, le sept du mois dernier, aux créanciers opposans, de produire leurs titres; que le sieur D...., apothicaire à Paris, opposant au prix de la susdite vente, par exploit du douze janvier dernier, n'a pas satisfait à cette sommation, quoiqu'elle lui en ait été faite, comme aux autres, ainsi que le prouve l'original de l'exploit, qui nous a été représenté. Ledit Mᵉ B.... a requis que l'état de distribution fût fait sur les seules pièces produites, et il a signé en cet endroit.

Signé B...., avoué.

» De la comparution et de la réquisition ci-dessus, nous avons donné acte ; en conséquence, nous avons déclaré ledit sieur D... forclos, et nous avons procédé à la distribution du prix de ladite vente, montant à quatre mille francs, entre les seuls créanciers dont les titres sont en nos mains, comme il suit :

» Sera payé, par premier privilége, à Me B..., avoué du sieur L..., créancier poursuivant, la somme de quatre cent cinquante-neuf francs, à quoi se montent les frais de poursuites par lui avancés, et par nous taxés, y compris le coût du présent procès verbal et la dénonciation qui en doit être faite avant la clôture, le tout sur le vu des pièces et de sa déclaration de dépens, ci. 459f.»

» Sera payé ensuite au sieur V..., marchand clincallier à Paris, par privilége spécial, sur les deux cents francs qui forment le prix du poële, énoncé en l'article vingt-deux du procès verbal de vente ci-dessus daté ;

» 1°. la somme de cent quatre-vingt-dix francs qui restent dus audit sieur V..., pour la valeur dudit poële qu'il a vendu le huit vendémiaire dernier, audit sieur H..., sans terme de paiement, ainsi qu'il résulte du livre journal dudit sieur V..., et d'une lettre dudit sieur H..., datée du douze novembre dernier, dûment enregistrée, ci . . . . 190 fr.

» 2°. La somme de dix francs, à compte de

trente francs, à quoi se montent les frais, tant de l'opposition formée par ledit sieur V..., au prix de ladite vente, par exploit du six janvier dernier, que de sa requête de collocation, et des vacations de son avoué, pour prendre communication du présent procès verbal, ci . . . . .10 fr.

» Pour avoir paiement des vingt-cinq francs, qui restent à payer audit sieur V..., sur les frais dont il s'agit, le prix de la vente du poële, seul objet de son privilége, n'étant pas suffisant, nous l'avons renvoyé à la classe des créanciers non-privilégiés, où il sera colloqué proportionnellement à ladite somme de vingt-cinq francs.

» Sera payé ensuite, par privilége général, au sieur P..., boulanger ;

» 1°. La somme de six cent cinquante francs, à lui due par ledit sieur H..., pour fourniture de pain, suivant le jugement de condamnation, en date du quinze novembre dernier, ci . . . .650 fr.

» 2°. La somme de vingt-sept francs, à laquelle se monteront les intérêts desdits six cent cinquante francs, à compter du deux octobre dernier, jour de la demande, comme les accorde ledit jugement, jusqu'au jour de la clôture du présent procès verbal, ci . . . . .27 fr.

» 3°. La somme de trois cent vingt-deux francs, à quoi se montent les dépens adjugés par ledit jugement, suivant l'exécutoire, obtenu par ledit sieur P..., le douze décembre dernier, ci 322 f.

» 4°. La somme de trente francs, à quoi se montent les frais, tant de l'opposition faite par ledit sieur P..., au prix de la vente, par exploit du neuf janvier dernier, que ceux de sa requête de collocation, et de la vacation de son avoué pour prendre communication du présent état de distribution, le tout suivant la taxe par nous faite, sur le vu des pièces, et d'après sa déclaration de dépens, ci. . . . . 3o fr.

» Les créances privilégiées étant ainsi acquittées, ce qui reste du prix de la vente en question se monte à deux mille trois cent onze francs cinquante centimes, formant seulement de quoi payer à raison de vingt-cinq pour cent, ou le quart de ce qui est dû aux créanciers non privilégiés ; c'est pourquoi nous les avons fait contribuer dans la perte, chacun pour un quart de sa créance, comme il suit :

» Sera payé au sieur L..., outre les frais de poursuite qui lui ont été alloués ci-dessus par premier privilége, la somme de deux cent quatre-vingt-onze francs cinquante centimes, faisant le quart de ce qui lui est dû par ledit sieur L..., pour les causes d'un jugement du six septembre dernier, pour les intérêts de cette somme, accordés par ledit jugement, et pour les dépens adjugés et liquidés, comme le prouve un exécutoire de dépens délivré le trois novembre dernier, ci. . . . . 291 fr. 5o c.

» Sera payée au sieur G...., entrepreneur de maçonnerie, la somme de quinze cent douze francs, pour sa part contributoire, faisant le quart de ce que lui doit ledit sieur H...., en principal, intérêts et frais, suivant un traité fait devant notaire, à Paris, le dix-huit juillet mil huit cent quatre, et pour les frais que lui ont occasionnés tant son opposition au prix de la vente dont il s'agit, que la suite de la présente contribution, lesquels ont été par nous taxés sur le vu des pièces, et la déclaration de dépens, ci.............. 1,512 fr.

» Sera payée au sieur F...., marchand orfèvre à Paris, la somme de cinquante-trois francs cinquante centimes, pour sa portion contributoire, formant le quart de ce que lui doit le sieur H...., tant pour le montant d'un billet à ordre échu le quinze octobre dernier, que pour l'enregistrement et le protêt dudit billet, ainsi que pour l'opposition faite au prix de la vente dont il s'agit, et les autres frais que la présente contribution lui a occasionnés, le tout ayant été taxé par nous, sur le vu des pièces et la déclaration de dépens, ci........................ 53 fr. 50 c.

» Sera payée enfin au sieur V...., outre ce qui lui est alloué ci-dessus par privilége, la somme de cinq francs, pour sa portion contributoire, faisant le quart de celle qui lui reste due sur les frais que la présente contribution lui a occasionnés, et pour l'acquittement desquels

les deniers qui lui ont été ci-dessus affectés
par privilége spécial, n'ont pas été suffisans,
ci . . . . 5 fr. o c.

« La clôture du présent état de distribution
sera signifiée à la diligence du poursuivant, et
seront ténues les parties d'en prendre communication, et d'y contredire, s'il y a lieu, dans la
quinzaine, sinon il sera clos;

» En foi de quoi nous avons signé le présent
état, avec notre greffier.

» *Signé* J..., juge; **A...**, greffier. »

Cet exemple suffit pour indiquer comment,
dans un procès verbal de distribution, sont énoncées toutes les circonstances diverses qui peuvent
arriver relativement soit aux productions de
titres, soit à l'exécution des formalités prescrites,
soit à la collocation des créances de différentes
natures.

Par acte d'avoué, le poursuivant fait connaître
aux créanciers produisans, et à la partie saisie,
que l'état de distribution est prêt à être clos; il
les somme d'en prendre communication dans la
quinzaine, et de contredire sur le procès verbal,
s'ils le jugent convenable. Si la partie saisie n'a
pas constitué avoué sur la première sommation
qui lui a été faite par exploit, on ne lui fait pas
cette seconde, qui ne peut avoir lieu que par
acte d'avoué.

Il est alloué à l'avoué, pour cet acte de dénonciation de la clôture du procès-verbal, à
Paris, Lyon, Bordeaux, Rouen, Bruxelles,
1 franc.

Dans les autres villes ayant Cour d'appel, ou
une population au-dessus de 30,000 ames, un
dixième de moins, ci, 90 cent.

Par-tout ailleurs, 75 cent.

Pour chaque copie de ce même acte, le quart
de l'original. *Tarif, art.* 99; *Décret, art.* 2 et 3.

Le procès-verbal contenant l'état de distribution n'est levé, ni signifié; et il n'est enre-
gistré que lors de la délivrance des mandemens
aux créanciers. *Tarif, ibid.*

§. VI.

Contredits à l'Etat de Distribution.

Pendant la quinzaine accordée pour prendre
communication de l'état de distribution, les
créanciers et la partie saisie, s'ils trouvent quelques articles mal colloqués, requièrent le commissaire de faire consigner leurs réclamations
à la suite du procès-verbal; ce qui s'effectue
comme il suit:

« Aujourd'hui, huit avril dix-huit cent cinq,
pardevant nous, juge commis, comme il est dit
ci-dessus, a comparu Me E...., avoué du
sieur F..., marchand orfévre à Paris. Il nous

a déclaré qu'il contredit la collocation dudit sieur F..., qui se trouve dans la classe des non privilégiés. Il dit que la cause de cette créance est la vente qui a été faite par ledit sieur F... au sieur H...... de diverses pièces d'argenterie qui se sont trouvées en nature parmi les objets saisis et vendus. Il soutient que, sur le prix qui en est provenu, le sieur F... a un privilége spécial, pour lequel il demande à être colloqué. Il a signé en cet endroit ,   *Signé* E..., avoué.

Ensuite a comparu Me. B...., avoué du sieur L..., marchand de bois à Paris, lequel nous a déclaré qu'il contredit la collocation faite de la créance du sieur F..., marchand orfévre, en ce qu'elle est fondée sur des écrits faits sous signatures privées, qui n'ont point encore été reconnus en justice, et qui, par conséquent, ne sont pas suffisans pour entrer en concurrence avec les titres exécutoires des autres créanciers. Il conclut donc à ce que cette créance non seulement ne soit pas privilégiée, mais encore qu'elle soit totalement rejetée de l'état de distribution. Il a signé en cet endroit.

                                    Signé B..., avoué.

» Nous avons donné acte aux parties comparantes de leurs dires et réquisitions, et nous avons signé avec notre greffier la présente vacation.   » *Signé* J..., juge ; A...; greffier.

» Le 10 du même mois, a comparu Me. Z...,

avoué du sieur H...; il nous a déclaré qu'en qualité de partie saisie, ledit sieur H... contredit la collocation de la créance du sieur G....; entrepreneur de maçonnerie, auquel il est loin de devoir la somme réclamée par ce créancier. Il dit d'abord que le traité qui sert de titre au sieur G...., n'a pas été exécuté par ce dernier; et que, sur ce point, il y a instance qui n'est point encore jugée. En second lieu, le déclarant soutient que ledit sieur G... a reçu à compte trois mille francs en trois billets à ordre, dont le terme de paiement n'est pas encore échu; d'où il résulte que, pour cette portion de sa créance, ce dernier n'a rien à réclamer, et n'a pas dû être compris dans la contribution. Le déclarant a requis en conséquence que la somme pour laquelle le sieur G... est colloqué, soit diminuée d'abord des trois mille francs, montant des trois billets à ordre, et de mille cinq cents francs pour la déduction, à l'occasion de laquelle il y a instance non encore jugée.

» De ses dire et réquisition, nous avons donné acte audit Mᵉ Z....., qui a signé avec nous et notre greffier.

» *Signé* Z....., avoué; J...., juge;

A....., greffier.

» Le trente du même mois, a comparu Mᵉ B...., avoué du sieur L...., créancier poursuivant; après nous avoir représenté l'original de l'acte qu'il a fait signifier, le douze du présent mois, à tous les créanciers qui ont produit, et à la partie saisie, pour leur dénoncer que la clôture du procès verbal de distribution serait faite dans la quinzaine, il nous a requis de fermer le procès verbal de contredits, et a signé en cet endroit. . . . . *Signé* B.., avoué.

» De la comparution et de la réquisition de Me. B...., nous avons donné acte. En conséquence, attendu que le délai de quinzaine est expiré, nous avons déclaré forclos, quant à la faculté de prendre communication du procès verbal de distribution, et de le contredire, les parties qui ne se sont pas présentées pour remplir cette formalité ; et, sur les difficultés élevées par celles qui ont fait des contredits en temps utile, nous avons renvoyé à l'audience, qui sera provoquée par la partie la plus diligente, pour y être fait droit sur notre rapport et sur les conclusions du ministère public.

» En foi de quoi nous avons signé, ainsi que notre greffier, la présente vacation.

Signé J...., juge; A...., greffier.

Pour prendre communication de l'état de distribution et pour contredire sur le procès verbal, comme en cet exemple, il est alloué à chaque avoué une seule vacation, taxée, à Paris, Lyon, Bordeaux, Rouen et Bruxelles, 5 fr.

Dans les autres villes de Cour d'appel, ou d'une population au-dessus de 30,000 ames, un dixième de moins, ci 4 fr. 50 cent.

Par-tout ailleurs, 3 fr. 75 c.

De plus, il est alloué à l'avoué du pour-suivant, autant de demi-droits de vacation qu'il y a de créanciers produisans, ce qui fait 2 fr. 50 cent., ou 2 fr. 25 cent. ou 1 fr. 88 centimes, selon les villes où on procède, et d'après les distinctions ci-dessus énoncées.

§. VII.

Clôture de l'État de Distribution.

Quand le délai, pour contredire l'état de distribution, est expiré, sans qu'il ait été fait aucune réclamation; ou bien, lorsque, sur les créances contestées, il a été statué, par juge-ment dont il n'y a pas d'appel, ou par un arrêt en cas d'appel, le juge-commissaire procède à la clôture de l'état de distribution.

Dans le cas où il n'y a pas eu de réclamation, la clôture se fait en ces termes :

« Aujourd'hui, trente avril mil huit cent cinq, nous, juge commis, ainsi qu'il est dit ci-dessus,

» Attendu que, par acte signifié le douze de ce mois, à la requête de M^e. B..., avoué du sieur L..., poursuivant la distribution par contribution, de la somme de quatre mille francs, provenant de la

vente faite par suite de la saisie-exécution des
meubles du sieur H..., marchand brasseur, demeurant à Paris, tous les créanciers qui avaient
produit leurs titres, ainsi que ladite partie saisie,
ont été sommés chacun au domicile de son avoué,
de prendre communication, et de contredire s'il
y a lieu, dans le délai de quinzaine, l'état de
distribution de ladite somme de quatre mille fr.,
dressé par nous le dix du présent mois;

» Attendu que le délai de quinzaine énoncé
dans ladite sommation, aux termes de la loi, se
trouve expiré sans qu'aucune des parties ait fait
la moindre réclamation contre les articles de
collocation;

Avons clos et arrêté définitivement ledit état
de distribution, qui sera exécuté selon sa forme
et teneur :

» En conséquence, nous ordonnons que les
deniers consignés seront distribués aux créanciers
employés audit état, conformément à la collocation de chacun; qu'à cet effet, le greffier leur
délivrera des mandemens sur le receveur des
consignations, à la charge, par chaque créancier
colloqué, d'affirmer la sincérité de sa créance
devant le greffier qui en fera mention, dans
chaque mandement.

» En foi de quoi, le présent procès verbal a
été signé par nous et notre greffier. *Signé*
J....., juge; A......., greffier. »

Lorsque, sur les difficultés relatives aux collocations des créanciers, il a été prononcé par jugement dont il n'y a pas d'appel, ou par arrêt, la clôture de l'état de distribution se fait en ces termes :

« Aujourd'hui, vingt-sept juillet mil huit cent cinq, nous, juge commis, ainsi qu'il est dit ci-dessus,

» Sur le vû de l'expédition en bonne forme de l'arrêt rendu le vingt de ce mois, et confirmatif du jugement qui, le six juin, a prononcé sur les contredits concernant quelques articles de l'état de distribution des deniers provenant de la vente des meubles saisis-exécutés sur le sieur H..., marchand brasseur, demeurant à Paris, avons procédé à la réformation dudit état de distribution dressé à la date du dix avril dernier, et y avons suivi comme il suit, les dispositions dudit jugement, confirmé par ledit arrêt :

» Le sieur G....., entrepreneur de bâtimens, se trouve colloqué dans la classe des non privilégiés pour la somme de quinze cent douze francs, pour son quart de six mille quarante-huit francs ; mais, d'après l'arrêt, la créance du sieur G..... ne doit être, au total, en principal, intérêts et frais, que de ..... ; etc..... »

Le juge-commissaire fait les opérations nécessaires pour réformer son état de distribution, selon que l'arrêt l'a ordonné : après quoi, il termine son procès verbal, comme dans l'exemple précédent, en ces termes :

« Nous avons clos et arrêté définitivement ledit état ; en conséquence, nous ordonnons que les deniers consignés seront distribués, etc...... »

§. VIII.

Mandement de Payement.

« Aujourd'hui, douze mai mil huit cent cinq, s'est présenté au greffe le sieur P....., boulanger, à Paris, assisté de Mᵉ. O....., son avoué, pour recevoir la somme à laquelle se monte ce qui lui revient dans le prix des meubles appartenant au sieur H....., vendus sur la poursuite du sieur L......, le vingt janvier dernier, et dont l'état de distribution a été dressé, clos et arrêté par Mʳ. J......, juge-commissaire, le trente avril dernier.

» Ledit sieur P..... a affirmé que sa créance sur ledit sieur H..... est sincère et véritable. En conséquence, sur les quatre mille francs provenant de ladite vente, et qui ont été consignés par Mᵉ. T......, commissaire priseur, suivant la reconnaissance qui lui en a été délivrée, le vingt-quatre février dernier, le receveur des consignations payera audit sieur P....., qui lui en donnera quittance, et lui remettra le présent mandement.

» 1°. La somme de cinq cent cinquante fr.

pour le principal de sa créance contre
le sieur H....., ci .... 550 fr.

» 2°. La somme de vingt frans pour
intérêts, ci 20

» 3°. La somme de trois cent vingt-
deux francs pour dépens adjugés par
jugement, ci 322

» 4°. La somme de trente francs
pour frais relatifs à la contribution dont
il s'agit, ci 30

» Total, neuf cent ving-deux fr. ci. . 922

» Pour lesdites sommes, ledit sieur P..... a été
colloqué, par privilége, en l'état de distribution
ci-dessus mentionné; les titres de créances et de
poursuites sont restés au greffe.

» *Signe* A....., greffier. ».

Pour requérir la délivrance du mandement,
pour assister à l'affirmation de la créance de sa
partie devant le greffier, et pour signer le procès
verbal de délivrance, il est alloué à l'avoué,
savoir; dans Paris, Lyon, Bordeaux, Rouen et
Bruxelles, 2 fr.

Dans les autres villes ayant Cour d'appel, ou
population de plus de 30,000 ames, un dixième
de moins, ci 1 fr. 80 cent., partout ailleurs,
1 fr. 50 cent. *Tarif, art.* 101 ; *Déc., art.* 2 et 3.

F IN DU PREMIER V OLUME.

TABLE

DES CHAPITRES,

ARTICLES, PARAGRAPHES

ET QUESTIONS

CONTENUS DANS CE PREMIER VOLUME.

Fin de la Table du Tome Premier.